KB248049

세상을 바라보는
나만의 눈,
다큐멘터리
documentary

세상을 바라보는 나만의 눈, 다큐멘터리

ⓒ 김희철 2014

초판 1쇄　　2014년　2월　26일
초판 6쇄　　2024년　5월　22일

지은이　　　김희철

출판책임　　박성규　　　　　펴낸이　　　이정원
편집주간　　선우미정　　　　펴낸곳　　　도서출판 들녘
기획이사　　이지윤　　　　　등록일자　　1987년 12월 12일
편집　　　　이동하·이수연·김혜민　　등록번호　　10-156
디자인　　　하민우·고유단　　주소　　　　경기도 파주시 회동길 198
멀티미디어　이지윤　　　　　전화　　　　031-955-7374 (대표)
마케팅　　　전병우　　　　　　　　　　　031-955-7381 (편집)
경영지원　　김은주·나수정　　팩스　　　　031-955-7393
제작관리　　구법모　　　　　이메일　　　dulnyouk@dulnyouk.co.kr
물류관리　　엄철용

ISBN　　　　978-89-7527-641-5 (14370)

푸른들녘 미래탐색 시리즈 003

다큐멘터리 감독 되기

세상을 바라보는 나만의 눈, 다큐멘터리

documentary

김희철 지음

들녘

빨려 들어갈 것만 같은 '눈'을 가진 내 친구에게

촬영 삼매경에 빠진 여의도고 학생들

영화 속 등장인물의 '눈'이 되는 카메라의 속성 덕분에

특히 현실의 조각들이 정교하게 합쳐진 다큐멘터리를 봄으로써

나와 다른 사람의 시간을 공유할 수 있고

나와 다른 사람의 마음을 이해할 수 있고

나와 다른 사람과 함께 같은 꿈을 꿀 수도 있습니다.

다큐멘터리 감독은 누구인가?

여러분, 다큐멘터리 감독은 어떤 사람일까요?

카메라를 들고 이곳저곳을 찾아다니면서 마음대로 촬영하고 편집한다고 해서 다큐멘터리 감독이라고 말할 수 있을까요? 그렇다면 이 세상은 카메라 대수만큼의 다큐멘터리 감독들로 넘쳐날 것입니다. 카메라 렌즈가 달린 휴대폰을 갖고 있는 사람이라면 이미 그 사람도 다큐멘터리 감독이 될 수 있는 조건의 일부를 가진 셈이고요. 하지만, 그것만으로는 부족합니다.

다큐멘터리 감독은 자신이 속해 있는 현실에 남다른 호기심을 가지고, 깊이 관찰하여 그것을 자신만의 목소리로 가공하여 작품화하는 사람입니다. 시사적인 문제나 환경에 관한 문제처럼 심각한 주제의식을 가지고 접근할 수도 있지만, 자신의 신변잡기나 가족·이웃·동네에서 벌어진 시시콜콜한 이야기도 다큐멘터리의 소재가 될 수 있습니다. 다만 그 이야기를 통해 관객에게 어떤 메시지를 전달할 것인가, 그리고 그것이 얼마나 공감을 형성할 수 있느냐가 관건이 되겠지요.

저는 2001년 「나의 아버지」라는 개인적 이야기로 다큐멘터리 작업을 시작했습니다. 그 후 판문점 공동구역 JSA에서 발생한 김훈 중위 사건을 소재로 한 「진실의 문」, 1981년 전라남도 진도의 박동운이라는 분이 당한 억울한 사건을 다룬 「무죄」 등의 다큐 작품을 연출했습니다. 완성된 작품으로 영화제에서 관객들을 만날 때가 가장 기쁘고 자랑스러웠지만 그 결과를 위해서는 거쳐야할 과정이 참 많았습니다.

다큐멘터리 감독은 때로는 진실을 파헤치는 탐정이 되기도 하고, 무거운 장비를 들고 오지를 누비는 탐험가가 되기도 하고, 편집 컴퓨터의 에러를 해결해야 하는 디지털 전문가가 되어야 하며, 종종 모자라는 제작비를 구하려고 사방팔방으로 부탁의 손길을 내밀어야 하는 모금가가 될 때도 있습니다. 그러다 보면 '이 고단한 작업을 계속해야 하나?' 하면서 회의를 느낄 때도 참 많습니다.

그런데도 다큐멘터리라는 장르에 한번 빠진 사람은 있는 고생, 없는 고생 다 해가면서 다큐멘터리를 만들고 사람들에게 보여주고자 합니다. 왜 그럴까요? 제 생각에는 다큐멘터리야말로 자신의 눈이 되는 카메라를 통해 보고 느끼고 이해한 현실을 가장 직접적인 방법으로 보여줄 수 있고, 그에 대한 생각을 다른 사람과 공유할 수 있기 때문일 것입니다. 또 다른 사람들과 함께 진솔하게 이야기를 나누고 싶은 욕망 때문이기도 하겠지요. 어쩌면 이 책을 집어든 여러분에게는 벌써 그런 욕망이 생겼을지도 모릅니다. 앞으로 생길지도 모르고요.

다큐멘터리 감독은 일반적인 회사에 다니는 사람이나 공무원처럼 안전하게 생계를 이어갈 수 있는 직업이 아닙니다. 간혹, 여러분 언어로 '대박'을 터뜨리는 작품을 만들어서 주목을 받고 안정을 보장 받는 사람들도 있지만 대개는 어렵고 힘들게 살아갑니다. 비상시를 대비해 몇 가지 일거리를 갖고 있는 사람도 많고요. "연예인이란 '직업'이 아니라 어떤 '상태'에 있는 것이다"는 말이 있듯이 다큐멘터리를 만드는 일도 자신의 진짜 욕망을 채워가는 과정이라는 것을 저는 미리 말씀 드리고 싶어요.

영상 분야는 얼핏 화려하고 멋져 보입니다. 그래서 많은 사람들에게 각광을 받습니다. 매년 수많은 인재들이 영화·영상·미디어 관련학과에 진학하려고 한다는 사실만 봐도 잘 알 수 있지요. 하지만 저는 여러분이 겉모습에 현혹되기보다 영상이 자신에게 맞는 분야인지, 그리고 얼마나 많은 영화인·영상산업 종사자들이 현실적으로 어렵게 살고 있는지 먼저 냉정하게 살펴보길 바랍니다. 삶은 누가 대신 결정을 내려주거나 대신 살아주는 것이 아니잖아요? 그러한 선택의 기로에서 내가 진정으로 원하는 것, 내가 진정으로 찾는 것이 무엇인가를 아는 지혜로운 안목이 중요하다고 생각합니다. 제가 여러분 또래의 학생들과 영상수업을 진행하면서 늘 강조했던 이야기이기도 합니다.

이 작업을 제안해주시고, 심리적으로 힘든 시간을 겪으면서 글 작업이 더뎌질 때도 너그럽게 기다려주셨던 들녘출판사 편집부장님, 배려심 많고 적확한 피드백을 주셨던 김솔 님, 주안영상미디어센터 관계자 분들, 인천에 사는 대한이, 천안 사시는 승우 어머니 심화섭 님, 세종대학교 학생들에게 고마움과 존경의 마음을 전합니다.

제가 살아오면서 영향을 받았던 분들께도 감사의 말씀을 전합니다. 진도에 사시는 박동운 선생님, 故 김훈 중위의 아버지 김척 장군님 등 다큐멘터리 작업을 하면서 만났던 모든 분들, 2006년부터 전국 곳곳 초·중·고등학교 등에서 예술 강사로 활동하면서 만났던 어린 친구들, 그리고 지금 이 순간에도 차가운 현실에 카메라를 들이대고 따뜻한 세상을 꿈꾸고 있는 다큐멘터리 제작자 선후배 동료들, 힘들 때마다 위로와 용기를 주는 친구 경민, 그리고 존경스러운 생활력과 근면함으로 살아가시는 부모님의 행복과 건강을 빕니다.

김희철

documentary

차례

I강 영화의 시작, 다큐멘터리의 시작

II강 나만의 다큐멘터리 만들기

Ⅲ강 내 마음의 기록, 내레이션:
내 눈으로 바라본 세상을 내레이션으로 쓰기

IV강 다큐멘터리를 만들면서 생각해볼 것들

V강 이 다큐멘터리 한번 보실래요?

부록

일러두기

* 본문에 사용한 국내 다큐멘터리 작품은 모두 사용 허락을 받은 것임을 밝힙니다.
* 본문에 자료 화면으로 사용한 해외 영상물은 저자가 캡처한 화면입니다.
* 영상물의 제목은 한국어 제목과 원제를 병기했습니다. 영미권 작품이 아닌 경우, 원제를 적고 그 다음에 영어 제목을 괄호로 처리했습니다.

닫힌 셔터를 열며

물고기, 새, 고래, 지네, 바퀴벌레, 인간……. 지구에 살고 있는 대부분의 생물체는 눈을 가지고 태어납니다. 눈을 통해서 먹을 음식을 구별하고, 몸을 가리고 보호할 천이나 껍질을 고르고, 편안하게 쉴 공간을 찾으며, 빛으로 쏟아지는 영화를 감상하기도 합니다.

'눈은 돌출된 뇌'라는 말이 있습니다. 뇌와 아주 가깝게 연결된 안구와 시신경들이 생명체의 외부로부터 들어오는 정보, 위협요소 등 갖가지 신호들을 실시간으로 보내서 뇌의 판단 근거를 마련해준다는 뜻입니다. 살아 있는 모든 것에서 '시각'이라는 능력이 사라진다면 이 세상은 엄청난 혼란에 빠질 것입니다. 시각에 기반하고 있는 모든 문화양식과 산업이 파괴되고 인류는 새로운 역사를 만들어나갈 수밖에 없을 것입니다. '역사'라는 것도 눈으로 보면서 기록하여 후대 사람들이 눈으로 보는 것인데, 역사의 존재마저 위태롭게 될 수도 있겠네요. 그만큼 '눈'은 우리에게 소중하고 고마운 신체기관입니다.

빛을 연구하는 학문, 즉 광학(光學)이 발달하면서 지구상에는 또 다른 형태의 눈들이 넘쳐나고 있습니다. 디지털 카메라, CCTV, 휴대폰의 카메라 렌즈, 자동차의 블랙박스, 인공위성…… 수많은 기계들의 눈, 즉 카메라가 인간의 생활을 관찰하거나 감시하고 있지요. 물론 이것들의 사용은 인간의 삶을 더 편리하고 안전하게 한다는 목적을 갖고 있습니다. 교통사고가 났을 때 "내가 옳네, 니 탓이네" 백날 다투는 것보다 차량 블랙박스에 기록된 영상이 잘잘못을 판단해주는 경우가 많잖아요? 또 예전 같았으면 오리무중으로 남을 범죄도 곳곳에 설치된 CCTV의 영상 분석으로 해결하는 경우가 점점 늘어나고 있습니다. 영상이 그 어떤 증거보다 자세하고 객관적인 자료가 되어주는 덕분입니다.

하지만 불행한 상황에만 카메라가 쓰이는 것은 아닙니다. 자신이 경험하는 행복하고 경이로운 순간들을 사진과 영상으로 기록하는 사람들이 점점 많아지고 있습니다. 그 이미지들을 혼자 보는 것에 머물지 않고 SNS나 자신의 블로그 같은 곳에 올려서 온라인으로 연결되는 친구들과 공유하며 또 다른 즐거움을 누립니다. 수많은 정보들을 공유할 때조차 사람들은 이미지를 활용하는데 그중 많은 것들이 카메라라는 기계에 의해 생산됩니다.

기록의 도구인 카메라에 찍힌 이미지들은 그것이 한 장이든 몇 초, 몇 분 분량의 영상이든 간에 어떤 이야기를 담고 있습니다. 실제적인 것이든 허구적인 것이든 결국 전달되는 것은 이야기의 내용입니다. 그리고 사람들의 눈으로 확인되면서 때로는 충격을 주기도 하고, 때로는 감동을 선사하기도 합니다. 수천 킬로미터 떨어진 나라에서 독재에 맞서 항거하는 시위 군중들, 세상의 빛을 보기 위해 갓 태어난 동물의 새끼, 지구에서 몇 백 광년 떨어진 곳에서 발견된 우주의 장엄한 풍경들……. 인간의 눈은 이제 카메라로 확장되어 자연의 한계를 극복하면서 상상의 영역을 시각적으로 점령하고, 기록된 이미지를 다른 사람과 공유하고 공감하면서 소통과 발전을 이루고 있어요.

이제 카메라는 우리 생활에서 정말 흔한 도구가 되었지만, 우리의 정신세계는 물론이고 일상생활까지 지배하는 무서운 존재가 되었습니다. 카메라라는 기계와 작가가 쓴 시나리오, 여기에 배우와 스텝들의 열정과 노력이 합쳐져서 완성되는 영화는 엄청난 산업으로 성장하였고, 다른 예술뿐만 아니라 전반적인 사회 분위기에도 적지 않은 영향을 미칩니다. 각종 방송국, 미디어들이 생산하는 수많은 영상 뉴스와 다큐멘터리는 시청자들에게 엄청난 양의 정보를 제공하는 동시에 특정 이슈에 대한 여론을 형성하는 촉매제가 되기도 하고, 때로는 사회적인 공포를 조장하기도 합니다. 그 시대의 문화를 반영한 영상이 역으로 그 시대의 또 다른 문화를 만들어내고 있는 것이 요즈음의 현실이지요.

이 책은 우리의 확장된 눈 역할을 하고 있는 '카메라', 그것을 이용해 만들어지는 영화, 그중에서 '다큐멘터리'라는 장르가 갖고 있는 시각적·역사적·철학적 특징들을 살펴보면서 '다큐멘터리 감독'이라는 직업의 세계를 탐색하는 책입니다. 또한 그 과정에서 다큐멘터리를 감상하거나 제작할 때 함께 생각해보았으면 하는 문제들, 다큐멘터리나 극영화의 서사구조를 만들어나갈 때 활용되는 내레이션에 대해 알아보고, 국내외 다양한 다큐멘터리 영화의 작가 또는 감독들이 세상을 어떤 눈으로 바라보고 있는가를 여러분과 함께 살펴보고자 합니다.

영화를 통해, 특히 현실의 조각들이 정교하게 합쳐진 다큐멘터리 영화를 봄으로써 우리는 다른 사람이 실제로 경험한 시간을 공유할 수 있습니다. 나아가 시대를 뛰어넘어 과거와 현재의 대화도 가능해지지요. 카메라를 매개로 만난 화면을 통해 타인의 마음을 이해할 수 있고, 각자 다른 환경에 처해 있을지라도 같은 꿈을 꿀 수도 있습니다. 100살이 넘는 나이를 먹게 된 '영화'가 전 세계 수많은 사람들의 사랑을 미시며 여전히 성장하고 있는 이유 중 하나는 비로 '시람의 눈'이 되는 카메라의 속성 덕분이라고 생각합니다.

저는 여러분이 '좋은 눈'을 갖게 되기를 바랍니다. 그리고 이 책이 '본다'는 것의 의미를 다시 한 번 생각해보고, 자신의 주체적인 시각으로 세상을 바라보는 힘을 기르는 데 조금이나마 도움이 되기를 바랍니다. '다큐멘터리 감독 되기' 강의에 오신 여러분을 진심으로 환영합니다.

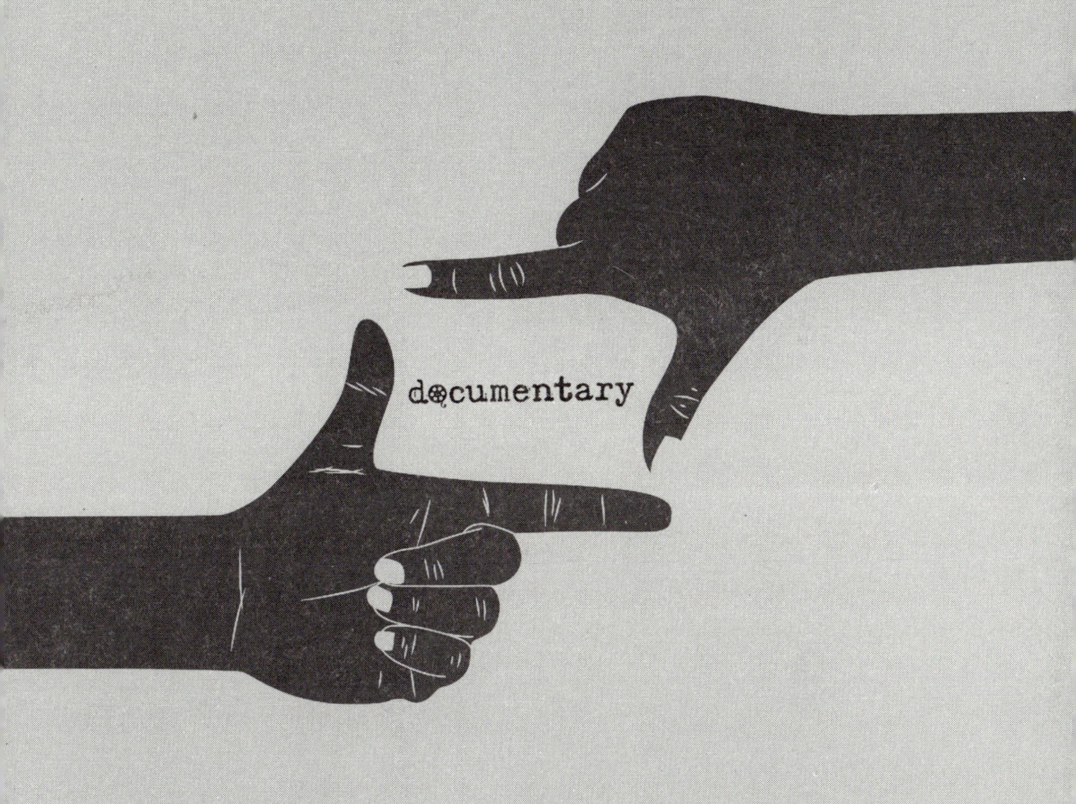

documentary

Joseph Nicéphore Niepce

1강

영화의 시작, 다큐멘터리의 시작

사람의 눈이 되는 카메라

영화 「죽은 시인의 사회(Dead Poets Society, 1989)」 중[1] 키팅 선생님의 시선

여러분의 학교생활을 색깔로 표현한다면 어떤 빛인가요?

지루하고 우울한 잿빛인가요? 아니면 활기차고 찬란한 빛인가요? '학교'는 영화에서 제법 자주 다루어지는 소재입니다. 따라서 학교라는 공간에서 만나는 친구들, 혹은 선생님과 제자 간의 정을 모티프로 한 작품들도 많이 제작되었지요. 위의 캡처 사진은 영화 「죽은 시인의 사회Dead Poets Society」(피터 위어, 1989)의 한 장면입니다. 이 장면을 기억하고 있는 친구들이 많을 거예요. 어때요, 여러분이 앉아 있는, 혹은 학창시절을 보냈던 교실의 모습과 다른가요? 미국의 전통 깊은 명문 학교 '웰튼 아카데미'에 갓 부임한 '키팅' 선생님(로빈 윌리엄스 분)은 이전까

호주 출신의 감독 피터 위어가 1989년에 연출한 작품으로 비평가들의 찬사와 상업적 성공 두 마리 토끼를 잡은 작품. 이후에 만든 짐 캐리 주연의 「트루먼 쇼The Truman Show」(1998)는 거대한 섬으로 만들어진 스튜디오를 세상의 전부로 착각하면서 살아가는 한 남자의 일생을 몰래 카메라 식으로 담아 전 세계에 생중계하는 이야기를 그렸는데, 이 작품 역시 비평과 흥행 양면에서 모두 성공했다.

지의 고리타분한 교육방식에서 벗어나 새로운 방법을 찾고자 합니다. 그는 셰익스피어의 문학 수업을 하던 중 난데없이 교탁에 올라가 학생들을 바라봅니다. 학생들은 당연히 키팅 선생님을 아래 화면에서처럼 올려다보게 되지요.

"이 위에 선 이유는 사물을 다른 각도에서 보려는 거야." 키팅 선생님을 바라보는 학생들의 시선

스틸 컷을 잘 보세요. 인물들의 눈을 보세요.

선생님을 바라보고 있는 학생들의 눈. 이 장면을 촬영하려면 키팅 선

생님 자리에 카메라가 있어야겠지요? 반대로 학생들을 바라보는 키팅 선생님을 촬영하려면 교실 한가운데에 카메라가 있어야겠지요. 그런데 첫 번째 사진 교실 가운데나 키팅 선생님이 서 있는 교탁 위에는 카메라가 없네요? 그렇습니다. 영화 속에서 카메라는 귀신같은 존재가 되어서 이런 식으로 인물들의 눈이 됩니다.

◯ 카메라가 인물의 눈이 된다는 것은 어떤 의미일까요?
관객들도 그 인물의 시선으로 세상을 바라보게 되는 것입니다. 이는 곧 그 사람의 마음까지 느끼게 되는 게 아닐까요? 학창 시절에 매력적인 이성을 처음 만나서 사랑에 빠졌던 순간의 황홀함, 나의 꿈을 몰라주고 잔소리와 훈계만 늘어놓는 부모님의 얼굴을 바라볼 때의 짜증스러움, 수십 층 높은 빌딩의 옥상에서 아래를 내려다보았을 때 느끼는 고소공포증 등등……. 관객들은 이 같은 감정이나 기분을 인물의 눈이 된 카메라를 통해 간접적으로 느끼면서 자신의 경험을 그것에 겹쳐보게 됩니다.

◉ 영화는 미술·음악·문학 등 다양한 장르의 예술을 빨아들인 블랙홀입니다.
그런데 ‘빨아들이는’ 데서 끝나지 않고 무엇인가 특별한 것을 재생산한다는 데 영화의 매력이 있습니다. 흔하게 치부했던 장소가 영화에 나오면 명소가 되고, 그저 그런 줄 알았던 옷이 배우의 스타일링을 통해 뜨는 아이템으로 각광을 받습니다. 음악도 그래요. 잊힌 줄 알았던 노래가 영화의 OST로 태어나는 순간 뮤직차트의 우선순위를 점거하게 되지요. 어디 그뿐인가요? 요즘에는 영화에 나왔던, 혹은 주인공들이 읽었던 소설책이나 시집이 베스트셀러가 되기도 합니다. 이쯤 되면 영화라는 매체가 '모든 예술을 빨아들인 블랙홀'에서 한발 더 나아가 '각각의 소재에 이야기를 입혀 생산하는 꿈의 공장'이 된 게 틀림없습니다. 그렇다면 여러분, 이처럼 매력적인 영화는 어떻게 태어났을까요? 그냥, 하늘에서 뚝 떨어졌을까요? 아니지요. 영화 역시 다른 예술 분야와 마찬가지로 '원조'로부터 차근차근 발전합니다. 형님뻘인 연극으로부터 말이지요.

이런, 이야기가 잠깐 샛길로 빠졌군요! 다시 우리의 주제인 '카메라의 눈'으로 돌아가 살펴봅시다.

🔅 연극은 인류의 역사와 함께한 아주 오래된 예술 장르입니다.

연극에는 인물과 배경, 그리고 사건이 있습니다. 이것은 소설도 마찬가지입니다. 대부분의 영화들도 그러하고요. 즉 어떤 방식으로든 대중에게 들려줄 '이야기'를 갖고 있다는 뜻입니다. 그런데 연극과 영화는 이야기를 펼쳐내는 공간에 차이가 있습니다. 연극은 무대라는 한정된 공간에서 이야기를 전개하지만, 영화는 교실, 운동장, 산, 바다, 우주 등 다양한 공간을 이야기의 무대로 삼을 수 있습니다. 바로 '카메라'라는 도구 덕분입니다.

🔅 다음 사진을 보세요.
마치 여러분이 새가 되어 유유히 하늘을 날며 내려다본 장면 같지요?

이것은 다큐멘터리 「비Regen(Rain)」(요리스 이벤스, 1929)[2]의 한 장면인데

다큐멘터리 「비Regen(Rain)」 중에서

요, 여러분이 땅 위에 서서 바라보는 시점과는 좀 다릅니다.

🌀 카메라는 날아다니는 새의 눈이 되기도 하고
  우주를 유영하는 외계인의 눈이 될 수도 있습니다.

우리가 흔히 다큐멘터리라고 말하는 영화 장르는 이러한 특징이 매우 강합니다. 카메라는 다큐멘터리 '감독의 눈'이 되어서 세상의 오지를 탐사하기도 하고, 지구 어딘가에서 우리와 함께 살아가고 있는 존재의 일상과 사연을 담아냅니다. 그 후 편집실에서 매끄럽게 편집된 작품은 텔레비전이나 영화관을 통해 시청자 또는 관객과 만나게 됩니다. 카메라라는 기계적인 눈이 세상과 시청자와의 낯선 만남을 이어주는 중매쟁이가 되는 것이라고 말할 수 있겠습니다. 비록 카메라에 찍힌 사람은 보는 사람을 만나지 못하지만 영상을 통해 관객들은 감정을 느끼고 그들의 사연에 공감하여 행동을 변화시키기도 합니다. 때로는 카메라에 찍힌 사진 한 장, 영상 하나가 사회를 변혁시키는 지렛대가 되기도 하지요.

그러면 카메라는 언제 만들어졌을까요?

2 ▶ 요리스 이벤스(Joris Ivens)

'날아다니는 네덜란드인'이라는 별명을 얻을 정도로 전 세계를 돌아다니며 작품들을 만든 다큐멘터리의 거장이다. 스페인 내전과 중일 전쟁, 베트남 전쟁 등 20세기의 역사적 사건들을 배경으로 만들어진 그의 작품들은 미학적으로도 뛰어난 성취를 이루었다. 헤밍웨이, 피카소, 브레히트 등 시대를 풍미한 예술가들이 그와 함께 작업했으며 1989년 아흔 살의 나이로 「바람의 이야기」를 연출한 후 인생을 마감했다. 요리스 이벤스와 같은 다큐 감독들이 일궈낸 전통이 있기에 네덜란드에서는 세계 최대의 다큐멘터리 축제인 '암스테르담 다큐멘터리 영화제'가 매해 개최되고 있다.

카메라의 발명, 영화의 시작

요즈음 가장 흔해 빠진 물건 중 하나가 카메라인 것 같습니다.

꽃 피는 봄에, 여행하면서, 교통사고 났을 때, 작업 결과를 상관에게 보고하기 위해, 먹고 있는 음식을 자랑하려고, 멀찌감치 떨어져 있는 가족과 영상으로 통화할 때, 공주병이나 왕자병 셀카로……. 정말 많은 사람들이 다양한 이유로 사진을 찍습니다. 디지털 카메라가 예전에 비해서 많이 저렴해졌을 뿐만 아니라 웬만한 휴대폰에도 성능 좋은 카메라 렌즈가 달려 있는 덕분이지요.

자, 여기서 질문 하나! 사진이 먼저 태어났을까요, 영화가 먼저 태어났을까요?

예, 당연히 사진이 먼저지요. 사진은 한 장, 영화는 여러 장이 필요하잖아요. 쉽게 말하자면, '사진의 연속'이 곧 영화이니까요. 교과서 가장자리에 사람이나 동물 모양을 아주 조금씩 움직이는 것처럼 그려 놓고 후루룩 빠르게 넘기면 마치 애니메이션처럼 움직이는 것, 다들 경험해보았을 거예요. 영화는 그것과 같은 원리입니다.

최초의 사진은 1826년경 프랑스의 발명가인 니엡스(Joseph Nicéphore Niépce, 1765~1833)[3]에 의해 만들어졌어요.

그때는 당연히 디지털 메모리가 상용화되었던 시절이 아니어서 '필름'이라는 매체를 사용했습니다. 필름은 화학처리된 면에 빛이 닿아서 반응이 일어나는 것입니다. 그런데 니엡스가 만든 사진은 단 한 장을 촬영하는 데 무려 8시간이나 걸리는 불안정한 사진이었습니다. 그렇기 때문에 사람이라든지 동물처럼 움직이는 물체를 찍기 어려웠어요. 기껏해야 고정되어 있는 건축물 정도를 촬영할 수 있었지요.

[3]
사진술의 선구자로, 세계 최초의 사진을 찍은 것으로 유명하다.

조제프 니세포어 니엡스

세계 최초의 사진 「르 그라의 집 창에서 내다본 풍경Vue de la fenêtre du domaine du Gras
(View from the Window at Le Gras)」(taken by 니엡스, 1826)

「탕플대로Boulevard du Temple」(taken by 다게르, 1838)

루이 다게르

1830년대에 이르러 역시 프랑스 사람이었던 다게르(Louis-Jacques-Mandé Daguerre, 1787~1851)[4]가 최초로 비교적 안정적인 사진을 만들었습니다.

1시간 만의 노출로 만들어진 '탕플대로 풍경'에는 인류 최초로 사진에 찍힌 사람의 모습이 나옵니다. 사진 왼쪽 아래를 잘 보세요. 신발을 닦기 위해 한쪽 발을 무언가에 올려놓은 사람이 보이지요? 이후 다게르는 자신의 사진술 특허권을 국가(프랑스)에 팔았고, 1889년 8월 19일 사진 발명을 세계에 선포한 프랑스는 광학과 화학 등의 과학 분야를 선도할 수 있었습니다.

4 ▶ 프랑스의 미술가, 사진가이다. 사진술 다게레오타입(Daguerreotype)의 발명으로 유명하다.

그 후 사진술은 계속해서 발전을 거듭하여 과학·미술·산업 등 각계각층에서 활용되기 시작합니다.

장센(Pierre Janssen, 1824~1907) 같은 천문학자는 행성의 움직임을 관찰하고 그것을 사진을 이용하여 기록으로 남기기도 했지요.[5] 영국인 사진가 마이브리지(Eadweard James Muybridge, 1830~1904)[6]는 동물이나 운동선수들의 움직임을 촬영했습니다. 동시대 화가들은 움직이고 있는 대상을 그리고 싶을 때 마이브리지가 찍었던 사진을 보고 그리기도 했답니다.[7]

5, 6, 7

1874년, 금성과 태양이 겹치는 순간을 기록함.

영국의 사진가. 동물의 움직임에 대한 획기적인 연구와, 영화를 만들 때 사용하는 필름을 앞서는 기계 (Zoopraxiscope)를 개발한 것으로 유명하다.

『세계다큐멘터리영화사』, 에릭 바누, 다락방

1895년에는 사진을 연속으로 촬영할 수 있는 기계가 등장합니다.

아래 사진은 오늘날 '영화의 아버지'라고 불리는 프랑스인 뤼미에르 형제(Auguste Marie Louis Nicholas Lumière, 1862~1954. Louis Jean Lumière, 1864~1948)의 발명품인 '시네마토그래프(Cinématographe)'입니다. 영화가 프랑스에서 시작된 것은 사진의 발명과 같은 기술적인 토양뿐만 아니라 여러 가지 역사적·문화적 배경이 고루 갖춰진 상태에서 발생한, 아주 자연스러운 일이었습니다.

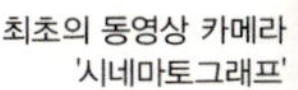

최초의 동영상 카메라
'시네마토그래프'

🔅 뤼미에르 형제는 영화 카메라 겸 영사기를 발명한 기계 제작자이면서 그 기계로 직접 영화를 제작하고 보급시킨 영화의 시조로 추앙받고 있습니다.[8]

형 오귀스트와 동생 루이의 아버지 앙투안은 화가이자 사진작가였는데 그는 두 아들과 함께 사진 건판 공장을 차려서 엄청난 돈을 벌게 됩니다. 두 형제는 그 돈을 흥청망청 쓰지 않고 카메라 연구에 썼고요. 참 괜찮은 부자들이죠?

뤼미에르 형제

「리옹의 뤼미에르 공장 출구Sortie des Usines Lumière à Lyon
(Workers Leaving the Lumiere Factory)」(1895)

🔅 위 사진의 오른쪽 장면은 뤼미에르 형제가 1895년에 시네마토그래프로 촬영한 공장 출구의 모습입니다.

공장 일을 마치고 퇴근하는 사람들의 모습입니다. 자세히 보니, 그 당시 프랑스 사람들이 썼던 모자, 입었던 옷의 스타일, 타고 다니는 자전거, 남자들의 콧수염 모양, 건축물의 구조와 재료 등을 알 수 있겠

네요. 이렇듯 영화는 촬영을 하고 있
는 그 시간, 그 시대의 생활 문화를
기록합니다.

비슷한 시기 발명왕으로 알려진 에디슨도 '키네
마토스코프'라는 카메라를 만들어서 움직이는
사람의 영상을 기록했는데, 카메라의 크기가
너무 커서 야외 촬영이 불가능했다. 무용수, 마
술사, 차력사 등 촬영 대상이 카메라 앞에서 행
위를 하는 것을 기록한 것이었는데, 작은 구멍
으로 혼자만 볼 수 있는 놀이공원의 오락용 형
태여서 영화의 시초로 간주되지 않는다.

「카드놀이 하는 사람들The Card Players」(폴 세잔, 1894~1895년경)(좌)
카드놀이(우)

영화는 또 그 시대의 예술과 직·간접적으로 교류하고 소통합니다.
위의 왼쪽 그림은 후기인상주의 화가인 폴 세잔(Paul Cézanne, 1839~1906)
의 유화 「카드놀이 하는 사람들」이고, 오른쪽 사진은 뤼미에르 형제
가 찍은 카드놀이 풍경입니다. 인물들이 쓰고 있는 모자, 입에 물고
있는 담배, 걸치고 있는 외투, 테이블 위에 놓인 술병(술잔에 술을 따르
고 있는 구경꾼), 이 전체를 바라보고 있는 화가와 카메라의 시선이 판
에 박은 것처럼 유사하지요?

🔘 위의 사진은 「열차의 도착」이라고 알려진 장면입니다.

뤼미에르의 짧은 영화들 가운데 많이 회자되는 것 중 하나이지요. 저 멀리 소실점에서부터 점점 기차가 다가오다가 급기야 화면 전체를 채울 때 그 당시 관객들은 어떻게 느꼈을까요? 아마 기차가 화면 밖으로 뛰쳐나올 것 같다고 느낀 사람도 있었을 겁니다. 카페에 모여 이 장면을 본 사람들은 그 전까지는 기껏해야 정지된 그림이나 사진을 보았을 거예요. 그런데 움직이는 기차라니요! 여러분이 2D 영화만 보다가 「아바타」라는 3D 영화를 처음 봤을 때 느꼈던 신기함과 놀라움이 아마 그때 그 사람들의 감정과 비슷할 테지요.

🔘 그 당시에 미국의 발명왕 에디슨도 영화를 찍는 카메라를 만들고, 영화 사업에 손을 댔습니다.

하지만, 세계영화사는 '영화의 시작'을 1895년 프랑스의 뤼미에르 형제의 작품들로 보고 있습니다. 에디슨이 만든 영화들은 자판기처럼 생긴 기계에 동전을 넣고 혼자 감상하는 것이었지만 뤼미에르 형제의 영화는 사람들을 모아놓고 제대로 상영한 것이었습니다. 마치 오늘날 영화관의 형태처럼 카페에 사람들을 모이게 해서 1프랑씩 돈을 받고 말입니다.

◑ 물론 뤼미에르 형제가 만든 영화들은 지금의 영화들 같지 않았습니다. 상영 시간도 길지 않았고, 무성영화라서 대사도 없었습니다. 당연히 유명한 배우들도 등장하지 않았지요. 처음에는 호기심으로 영화를 보러 왔던 관객들도 차츰 발길을 돌리기 시작합니다. 위기가 찾아온 것이죠. 그래서 뤼미에르 형제는 컬러 사진과 입체 사진을 연구하는 일에 몰두합니다.

✿ 한편, 뤼미에르 형제의 영화에 위기감을 느꼈던 사람들이 있었습니다. 바로 '마술사'들이었어요. 그들 역시 당시 유럽 사람들에게 볼거리를 제공하고 돈을 벌던 사람들이었으니까요. 그런데 사람들의 발길과 시선이 마술처럼 신기하게 움직이는 영상을 보여주는 영화관으로 향하고 말았으니 마술사들은 당연히 화가 났습니다. 당장 먹고살 일이 걱정되었을 테니까요.

✿ 그 가운데 한 사람이 조르주 멜리에스(Georges Méliès, 1861~1938)입니다. 그는 당시 선풍적인 인기를 끌고 있던 뤼미에르의 영화들을 보고 기막힌 아이디어를 하나 떠올리게 됩니다. 자신의 마술과 영화를 접목해야

겠다는 생각이었지요. 어렵사리 '시네마토그래프'를 구하게 된 멜리에스
는 마침내 「고무머리를 가진 사나이」라는 짧은 영상을 만듭니다.

조르주 멜리에스

「고무머리를 가진 사나이Un Homme de Tetes
(The Man With the Rubber Head)」(1898)

○ 이 영상은 인간이 상상하는 것을 실제로 보여준 최초의 시도라고 할 수 있어요.
얼핏 보기엔 무대 위에서 펼쳐지는 흔한 1인 마술쇼 같지요? 그런데
멜리에스는 자신의 머리를 마치 고무처럼 떼어서 탁자 위에 놓고 태
연하게 기타 치며 노래합니다. 현실에서는 불가능한 일이지요! 멜리에
스는 요즈음의 포토샵과 같은 필름의 합성 기술을 활용하여 이러한
효과를 낸 것입니다. 어찌 보면 매우 끔찍한 장면일 수 있지만, 뤼미
에르의 영화처럼 단순한 현실의 기록이 아니라는 점에서 획기적이었
지요. 그 후, 멜리에스의 영화는 발전에 발전을 거듭합니다.

✿ 1902년, 멜리에스는 「달세계 여행」이라는
세계 최초의 SF 영화를 선보입니다.

소설가 쥘 베른(Jules Verne, 1828~1905)의 원작을 바탕으로 한 작품인데
요, 여기에는 매우 다양한 영화적 기법들이 등장합니다. 멜리에스의
상상력이 총동원되어 구현된 무대, 원근감이 살아 있는 무대 배경, 화
려한 인물들의 의상, 신기한 무대 장치뿐만 아니라 디졸브(dissolve)[9]와
같은 편집 효과들도 활용되었지요. 무엇보다 각 장면의 이야기가 연
결되어 하나의 이야기, 즉 서사(narrative) 구조를 갖추었다는 점은 영화
가 그 전까지처럼 단순하게 풍경이나 볼거리를 기록하여 보여주는 데
서 벗어나 본격적으로 '이야기를 흡수하고 있음'을 보여주었습니다.

 9, 10

앞의 장면이 사라지고 있는 동안 다른 새 장면
이 천천히 보이게 하는 기법이다.

달세계 여행의 이야기는 '1. 지구에서의 달 탐사
회의 2. 지구인들이 탄 로켓 발사 3. 달에 도착
4. 달나라 외계인들의 출현 5. 외계인들의 지하
궁전으로 연행되는 지구인들 6. 궁전에서의 탈
출 7. 로켓의 지구 귀환 8. 무사 복귀 환영회' 순
서로 되어 있다. 뤼미에르의 영화와 마찬가지로
배우의 대사나 소리가 없는 무성영화이다.

「달세계 여행Le Voyage Dans La Lune
(A Trip to the Moon)」(1902)[10]

⬣ 잠시, 영화를 구분하는 방법에는 어떤 것들이 있는지 살펴봅시다.

영화를 표현하는 방법들은 매우 다양합니다. 그 가운데 가장 대표적인 것이 '리얼리즘(realism)' 영화와 '판타지(fantasy)' 영화입니다. 리얼리즘 영화는 사실적인 것을 강조하고 현실에 무게를 두는 작품들을 말하고, 그와는 상대적으로 인간의 다양한 상상에 기반을 둔 것들을 판타지 영화라고 이름 붙일 수 있습니다. 그렇다면 뤼미에르 형제는 오늘날의 다큐멘터리나 역사적인 사건을 재현하는 영화 같은 리얼리즘 영화의 원류라고 볼 수 있고, 멜리에스는 할리우드 블록버스터들을 비롯해서 엄청난 특수효과들을 가미하는 각종 판타지 영화의 시초라고 할 수 있겠네요. 만드는 사람의 입장에서 보면 각자의 취향이나 선호도에 따라 강조하고 싶은 부분이 다를 수 있겠지만, 두 영역 모두 상호 보완적 관계로 영화를 발전시켜 온 중요한 두 축인 것만은 분명합니다.

세상을 바라보는 눈 카메라
: 전쟁 속의 꼬마였던 영화

◯ 영화의 탄생은 1895년.

그러니까 영화는 이제 겨우 1세기가 조금 넘는 나이가 되었습니다.

인류의 역사와 함께 늙어온 미술이나 음악, 연극 등 다른 예술들과 비교하면 갓난아기 축에도 못 끼는 셈이죠. 그런데 영화는 그 어떤 예술 장르보다 사람들에게 각광을 받으며 공룡처럼 커나가고 있습니다. 영화가 예술적 성격을 갖고 있을 뿐만 아니라 산업적인 측면도 함께 지니고 있는 탓에 자본주의의 발달과 맞물려가며 성장한 탓이겠지요.

◉ 시네마토그래프와 같은 영화 기계들이 발명된 것은 분명 산업혁명으로 이루어진 기술의 발전 덕분입니다.

18세기 후반 영국에서 시작된 산업혁명은 사람들의 생활을 많이 변화시켰습니다. 대량생산과 대량소비가 발생하고 돈이 모이면서 경제력을 움켜쥔 자본가들이 대거 나타납니다. 뤼미에르 형제는 명함도 못 내밀 만큼 엄청난 부자들이 생겨난 것이지요. 일상생활도 윤택해지고요. 하지만 그 이면의 그림자도 무시할 수가 없었습니다. 악취와 매연을 뿜어내는 크고 작은 공장에서는 가난한 사람들이 열악한 조건 속에서 쥐꼬리만 한 임금을 받으며 밤낮을 가리지 않고 일해야 했어요. 심지어 학교에서 뛰어놀아야 할 어린아이들까지 그 공간에 동원되어 갖가지 일에 착취되었습니다.

그런데 유럽을 비롯한 전 세계가 1900년대에 들어서면서 여태까지 경험하지 못한 처참한 재앙을 맞게 됩니다.

제1차 세계대전과 제2차 세계대전이 그것입니다. 자본을 축적한 유럽의 열강들은 자국의 남아도는 생산품을 더 많이 팔아먹고, 또 다양한 원재료들을 구하기 위해 다른 약소국들을 침략합니다. 아프리카나 아시아의 약한 나라들을 자국의 식민지로 만들면서요. 그런 가운데 돌고 돌아야할 돈이 제대로 돌지 않아서 경제 대공황이 일어나지요. 이 같은 배경에서 전 세계를 아비규환으로 몰아넣은 세계대전이 1900년대의 상반기를 점령하고 말았습니다.[11]

제1차 세계 대전(World War I)은 1914년 7월~1918년 11월까지 벌어진 최초의 세계적 규모의 전쟁으로서 약 900만 명이 전사했다. 제2차 세계 대전(World War II)은 1939년 9월~1945년 8월까지 벌어졌으며 인류 역사상 가장 많은 피해를 남긴 전쟁으로 기록된다. 이때 독일의 유대인 학살, 일본의 난징 대학살과 위안부 동원, 미국의 원자폭탄 투하 등이 발생했다.

1·2차 세계대전은 인류사에 치명적인 오점을 남겼습니다.

물론 전쟁은 유사 이래로 쭉 있어 왔어요. 하지만 1·2차 세계대전 동안 벌어진 일련의 사건들은 다이너마이트에서 시작해 핵무기에 이르기까지, 그리고 마침내 '인간에 의한 인종 대학살'이라는 씻을 수 없는 오점으로 인류사를 위태롭게 했습니다. 독재자 히틀러가 지휘한 독일 나치 군대는 나라 없는 민족이었던 유태인을 수용소에 집결시켜 노동력을 착취하고 끝내 900만 명을 학살합니다. 그뿐인가요? 1945년

8월, 일본에 떨어진 미국의 원자폭탄은 단 9초 만에 20만 명을 죽이고 8만 명의 부상자를 만들었습니다.

🔅 이렇게 처참한 광경들이 펼쳐진 시간 속에서 영화를 만드는 사람들은 어떤 역할을 했을까요?

영화는 이 시대를 어떤 입장에서 기록했을까요? 불행하게도 영화는 전쟁의 소용돌이 속에서 나팔수 역할을 자임하며 전쟁의 명분을 홍보하거나 옹호하는 자세를 취했습니다. 전쟁에 대해 반성하고 성찰하는 영화들은 오히려 어느 정도 포탄의 잔향이 가시고 많은 시간이 흐른 후에 등장합니다.

🔅 일단 전쟁의 한복판에서 선전전의 첨병 역할을 했던 작품들을 살펴볼까요?

제2차 세계대전은 독일·일본·이탈리아의 파시즘 세력과 영국·프랑스, ·미국 등의 연합군의 대결이었습니다. 제1차 세계대전에서 패배한 뒤 후유증에 시달리고 있던 독일에서는 콧수염 달린 열변가 히틀러가 혜성처럼 등장합니다. 독일인들은 그의 선명한 민족주의에 열광했고, 카메라는 그의 등에 바짝 붙어 다니면서 그의 주장들을 담아내기에 바빴지요.

다큐멘터리 영화 「의지의 승리Triumph des Willens (Triumph Of The Will)」(1935)
독일 국민들의 열렬한 환영을 받으며 차량 이동 중인 히틀러. 카메라맨이 같은 차에 탑승하여 히틀러의 바로 뒤에서 촬영하고 있음을 알 수 있다.

젊은 시절의 레니 리펜슈탈 감독

레니 리펜슈탈(Berta Helene Amalie "Leni" Riefenstahl, 1902~2003)은 원래 무용가를 꿈꾸던 소녀였습니다.

하지만, 어느 날 회복하기 힘든 부상을 입은 후 그 꿈을 접어야 했지요. 절망에 빠져 있던 그녀에게 빛이 된 것은 한 장의 산악영화 포스터였습니다. 영화 예술의 매력에 사로잡히게 된 리펜슈탈은 그녀만의 강력한 추진력을 발휘하여 1932년 「푸른 불Das blaue Licht(The Blue Light)」이라는 산악영화를 제작·감독하면서 직접 배우로 출연했고, 이 작품이 히틀러의 눈에 띄게 됩니다.[12]

12 ▶ 『레니 리펜슈탈, 금지된 열정』 오드리 설킬드 지음, 허진 옮김, 마티 출판사.

44

히틀러는 자신의 정치적 주장을 영화를 통해 독일인들에게 보여주고 싶었습니다.

그래서 젊은 여성이었던 리펜슈탈에게 영화 작업을 부탁하면서 전폭적인 신뢰를 보냈지요. 이 같은 신뢰 덕분에 레니가 고용한 카메라맨은 살아 있는 신(神)이었던 히틀러의 몸에 아주 가까이 접근해서 촬영할 수 있었습니다. 1934년 뉘른베르크에서 열린 나치 전당대회를 기록한 「의지의 승리Triumph des Willens」, 그리고 1936년 베를린 올림픽의 실황을 담은 「올림피아Olympia」. 이 두 작품은 결국 히틀러의 독재를 찬양했다는 비난을 받게 되지만, 영화사적으로나 미학적으로 매우 훌륭한 가치를 갖고 있는 것만은 부인할 수 없습니다.

다큐멘터리 영화 「의지의 승리」 중 1934년 뉘른베르크에서 열린 나치 전당대회 장면13

촬영 전용 엘리베이터가 설치되었고, 레니 리펜슈탈의 지시를 받는 36명의 군복 차림 카메라맨이 여러 위치에서 다양한 각도, 크기, 기법으로 대회를 촬영했다.

 13

항공 촬영을 한 것처럼 느껴지는 전당대회장의 전경은 나치의 상징
'하켄크로이츠' 대형 깃대 구조물에 특수 설치된 엘리베이터에서 촬영한 것이다.

제1차 세계대전의 패배를 설욕하기 위해 두 번째 전쟁을 준비 중이던 독일은 1936년 올림픽을 유치합니다.

히틀러는 베를린에서 열린 이 대회를 통해 자신이 이끄는 나치당과 독일 게르만 민족의 인종적 우월함을 선전하고자 했습니다. 49개국의 선수들이 참여하여 기량을 겨룬 이 대회는 최초로 TV로 중계되었는데, 나치를 상징하는 하켄크로이츠기가 대회장 곳곳 여기저기에서 나부끼는 등 정치적·군사적인 목적으로 스포츠가 악용된 사례로 남아 있습니다.

레니 리펜슈탈 감독은 「의지의 승리」를 제작할 때와 동일하게 히틀러의 전폭적인 지원 아래 「올림피아」라는 스포츠 기록영화를 제작했습니다.

전작(前作)이 독일제국의 신성함을 표현하기 위해 하늘에 뜬 비행기 장면으로 시작했듯이 「올림피아」는 고대 올림픽이 열렸던 고대 그리스의 신전에서 출발합니다. 원반을 던지기 직전인 그리스인의 나체 조각상이 독일인으로 보이는 근육질 남성의 몸으로 디졸브 되고, 반나체의 여성들이 함께 춤을 추며 채화를 해서 그 불이 유럽 전역을 거쳐 베를린의 경기장에 도착하는 과정을 보여주는 도입부에는 그러한 연출 의도가 강하게 드러나 있습니다.

독일 민족의 신성함을 강조하려고 한 「의지의 승리」(좌)와 「올림피아」의 도입부(우)
고대 그리스올림픽 원반던지기 상(좌)과 「올림피아」의 도입부(우)

🔅 리펜슈탈 감독은 어린 시절 무용을 했던 스포츠인 출신답게 인체의 아름다움을 카메라에 담으려고 시도를 많이 했습니다.

이 영화에는 오늘날 하계 올림픽에서도 접할 수 있는 육상·체조·펜싱·사격·수영·다이빙 등 다양한 종목의 경기 장면들이 등장합니다. 그중 펜싱 선수의 그림자를 촬영한다거나, 날아오르는 새처럼 점프하는 다이빙 선수의 입수 장면에서 시간을 거꾸로 흐르는 것처럼 표현한 기법 등은 오늘날 스포츠 중계에서도 잘 활용하지 않는 세련된 영상 기법입니다.

「올림피아」의 펜싱(좌), 다이빙 종목(우) 장면

🔅 베를린에서 올림픽이 열렸을 때, 우리나라의 상황은 어땠을까요?

예, 맞아요. 일제강점기였지요. 우리나라는 베를린 올림픽에 참가하지 못했고요. 하지만 우리나라의 손기정 선수가 마라톤 종목에 참가하여 1위로 들어오는 기염을 토했습니다. 비록 가슴에는 일장기(日章旗)를 달고 있었지만요.[14]

◐ 「올림피아」에는 손기정 선수를 비롯한 마라토너들의 경주 모습이 생생하고 아름답게 기록되어 있습니다.

달리고 있는 선수 자신의 다리, 길가에 늘어선 나무들……. 이런 장면들은 선수의 시점으로 촬영된 것들입니다. 카메라가 무작정 대상을 따라가며 담은 게 아니라 철저하게 계산된 의도 아래 촬영한 장면들로서 굉장히 '극영화적'이었다고 말할 수 있습니다. '극영화적'이라니요? 다큐멘터리와 극영화가 다르다는 뜻일 텐데……. 그 차이는 무엇일까요? 다음 장에서 살펴보겠습니다.

다큐멘터리 영화 「올림피아Olympia」(1938) 가슴에 일장기를 달고 마라톤 종목 1위로 골인한 손기정 선수(좌)
다큐멘터리 영화 「올림피아」 중 마라톤 선수의 시점으로 촬영한 선수 자신의 다리. 이런 장면은 본 경기를 방해하지 않기 위해서 경기가 끝난 후 재연으로 촬영되었다.(우)

14

리펜슈탈은 1위로 골인했음에도 무표정했던 손기정 선수에게서 큰 감명을 받았다고 한다. 손기정 선수는 우승 후 리펜슈탈의 대저택으로 초청 받았는데, 훗날 그는 "덕수궁처럼 큰 규모였다"라고 회고했다. 두 사람은 각별한 친구가 되었고, 「올림피아」에 손기정의 역주 장면이 10여 분에 걸쳐 나오도록 편집되었다.

다큐멘터리와 극영화는 뭐가 다를까?

여러분이 다큐멘터리라는 단어를 제일 많이 듣는 곳은 '텔레비전'이라는 네모상자일 것입니다.

방송국별로 '○○○ 스페셜' 같은 간판 다큐멘터리 프로그램이 있기도 하거니와 일반인들의 흥미를 자아내는 다양한 삶이나 장소에 얽힌 이야기들을 카메라에 담아 보여주는 탓이겠지요. 시청자들은 비록 텔레비전 속의 이야기지만 지금 현재 어디에선가 나와 함께 살아가고 있을 화면 속 인물들의 갖가지 사연에 웃다가 울다가 하면서 감동을 느낍니다. 미숙아로 태어난 아기를 젊은 부부가 정성스럽게 보살펴서 건강한 아이로 자라게 하는 모습, 어릴 적 해외에 입양되었다가 한국으로 돌아와 부모님을 찾고자 하는 젊은이의 여정, 일제강점기 때 자신을 잡아간 일본인들의 존경까지 받게 된 안중근 의사의 옥중 일화 등등……. 우리의 일상이나 역사·과학·예술 등 각 분야에서 다양한 소재와 주제를 발굴하여 보여주는 TV 다큐멘터리는 곧잘 우리의 눈과 귀를 붙들어 맵니다.

우리가 영화관에서 흔하게 보게 되는 영화들은 배우가 연기를 하는 극영화 (劇映畵)입니다.

물론 요즈음은 영화관에서도 예전보다 자주 다큐멘터리를 감상할 수 있습니다. 하지만 일반 사람들에게는 여전히 다큐멘터리가 '정보를 제공하는 시사교양 TV 방송물'로 인식되고 있어요. 그만큼 텔레비전의 파급력과 영향력이 크다는 뜻이겠지요? 정작 텔레비전이 발명되고 사람들에게 대량으로 보급된 것은 뤼미에르 형제가 영화를 만들고 난 한참 뒤의 일인데도 말입니다.[15]

15
1920년대에 라디오 방송이 시작되었고 1930년대 들어 유럽을 중심으로 텔레비전 방송이 정착되었다.

영화를 아주 단순하게 구분하자면 극영화와 다큐멘터리로 나눌 수 있습니다. 우리가 보통 '영화'라고 부르는 극영화와 '다큐멘터리'의 차이는 무엇일까요? 극영화는 '영화관'에서 보는 것이고, 다큐멘터리는 '안방극장'에서 보는 것이 차이일까요? 하지만 이런 구분법은 요즘 같은 시대에는 먹혀들지 않을 것 같습니다. 영화관에서 상영 중인 영화도 인터넷이나 TV로 볼 수 있고, 멋진 영화관에 가서 스펙터클한 아이맥스 다큐멘터리를 보기도 하니까요. 이처럼 시간과 장소에 구애 받지 않고 영상물을 접할 수 있게 되었음에도 우리는 여전히 한 가지 편견을 버리지 못합니다. 바로 "영화는 재미있지만, 다큐멘터리는 지루하고 어렵다"는 생각이지요. 정말 그럴까요?

🔅 극영화(劇映畵)는 한자어 '극(劇)'이라는 단어가 들어간 것처럼 한편의 연극이라고 보아도 무방합니다.

연극에는 누가 있나요? 그렇습니다. 배우가 있습니다. 현실에 기반하고 있는, 현실을 반영하는 이야기들일지라도 극영화에서 그 상황을 보여주는 사람들은 모두 전문 배우들입니다. 자, 바로 이 지점에서 극영화와 다큐멘터리의 차이가 발생합니다. 다큐멘터리에는 배우가 등장하는 게 아니라 실제 인물이 나와서 자신의 삶의 일부를 보여주거든요. 그 밖의 나머지 요소들은 극영화나 다큐멘터리나 비슷합니다.

🔅 여러분은 학교에서 '인물, 사건, 배경'의 3요소가 하나의 이야기를 구성하는 서사구조라고 배웠습니다.

서사구조는 극영화에도 다큐멘터리에도 빠질 수 없는 가장 기본적인 뼈대입니다. 이야기가 없는 영화나 다큐멘터리는 상상할 수 없으니까요. 조금 더 넓혀 생각해보자면 연극의 희곡이나 영화/다큐멘터리의 시나리오 모두 소설에 다름 아닙니다. 즉, 사람이 살아가는 이야기라는 뜻입니다. 설령 동물이 주인공으로 나온다고 해도 마찬가지입니다. 그들 역시 인간의 삶과 이야기를 상징적으로 나타내는 것이니까요.

🔅 우리는 다큐멘터리의 인물을 흔히 '사회적 배우'라고 부릅니다.

다큐멘터리에 나오는 인물들은 전문적이거나 직업적인 배우는 아니지만 작품 안에서 자신의 습관·말투·행동·사고방식·대인관계 등을 통해 그 사람을 둘러싸고 있는 사회·환경 속에서 어떻게 살아가고 있는지를 우리에게 잘 보여줍니다. 시청자는 그런 캐릭터에 공감하기도 하고, 때로 이질감을 느끼기도 합니다. 감정이 이입되어 그 사람에게 닥친 시련에 함께 눈물을 흘릴 때도 있고, 반대로 호감이나 공감을 느끼지 못해 채널을 돌릴 수도 있지요.

여러분, 전문배우가 진짜 자신의 삶을 보여준다면 그것은 어디에 속할까요? 예를 들어, 예능 프로그램에 출연하여 자신의 진짜 가족들과 소풍을 가서 즐거운 시간을 보내는 모습을 보여준다면, 이것은 극영화인가요 아니면 다큐멘터리인가요? 예, 당연히 다큐멘터리입니다. 아무리 보석처럼 잘 생긴 직업배우라 해도 우리와 똑같이 밥을 먹고, 화장실 가서 일을 보고, 잠잘 때 코도 골 수 있는 사람이거든요.

그러면, 다큐멘터리라는 말은 언제 어디서 나온 걸까요? 다음 장에서 함께 생각해봅시다.

다큐멘터리(documentary)라는 단어의 탄생

🔵 로버트 플래허티(Robert Joseph Flaherty, 1884~1951)라는 미국인은 원래 탐험가였습니다.

그는 1910년대에 매장된 광물을 탐사하기 위해 북극 지역을 많이 왕래했는데, 어느 날 "탐사 여행에서 본 사람과 동물을 카메라로 찍어 보지 않겠냐?"는 제안을 받게 됩니다. 그래서 카메라를 한 대 가지고 극지방으로 가서 그곳에 살고 있는 에스키모들의 문화를 담기 시작했어요. 나중에는 본업인 탐사 일을 뒷전으로 미루고 영화 작업에 빠져버렸습니다. 남편의 마음을 잘 이해해주었던 플래허티의 아내가 없었다면 불가능했을 일이긴 하죠.[16]

[16] 『세계다큐멘터리영화사』, 에릭 바누, 다락방

광산 기사의 아들로 태어나
탐험가로 활동했던
로버트 플래허티 감독

🔵 플래허티가 만난 에스키모 중에 '나누크'라는 사람이 있었습니다.

나누크는 에스키로 말로 '곰'이라는 뜻입니다. 플래허티는 나누크의 가족이 이글루를 짓고 작살로 잡은 바다 생물들을 날 것으로 먹고 사는 에스키모 문화를 카메라 렌즈를 통해 관찰하고 필름에 기록했습니다. 그러는 과정에서 나누크와 플래허티는 둘도 없는 친구가 되었지요. 나누크는 플래허티 감독의 연출 의도대로 촬영에 적극적으로 참여한 멋진 '사회적 배우' 가 되었고요.

「북극의 나누크Nanook of the North」(1922)
이글루를 완성한 후 창문 밖으로 고개를 내밀고 웃고 있는 나누크(좌)
동료들과 함께 포획한 바다코끼리의 배를 그 자리에서 갈라 날고기 상태로 맛을 보고 있는 나누크(우)

❂ 영화 속에는 플래허티 감독의 모습이나 목소리가 나오지 않습니다.

하지만 관객들은 플래허티 감독이 쓴 자막의 글, 그리고 카메라를 바라보는 나누크와 그의 가족이 웃고 있는 모습을 통해 감독과 촬영 대상 간의 관계가 매우 돈독하다는 것을 알 수 있습니다. 수년에 걸쳐 형성된 우정과 신뢰가 없었다면 목숨을 건 영화 작업이 이루어질 수 없었겠지요. 극지의 환경은 매우 혹독하니까요.

필름이 불타버리는 등 갖가지 고생 끝에 완성된 「북극의 나누크」는 공개 후 상당한 성공을 거두게 됩니다.

그 후 자신감을 얻은 플래허티 감독은 탐험가답게 이번에는 남태평양 외딴 섬에 사는 원주민의 삶을 담아 「모아나Moana」(1924)라는 작품을 완성합니다. 이 영화를 본 영국의 영화 제작자이자 이론가인 존 그리어슨(John Grierson, 1898~1972)은 "기록할 만한 자료로서 가치가 있다"는 말을 남겼는데, 이것이 다큐멘터리라는 용어가 등장한 단초라고 합니다. 즉 다큐멘터리는 다큐멘트(document: 기록, 문서)에서 파생되어 나온 말이지요.

존 그리어슨

다큐멘터리라는 말을 처음 사용한 존 그리어슨은 미국에서 사회과학을 공부하면서 영화인, 학자, 정치가, 저널리스트 등을 만났습니다.

그는 영국 다큐멘터리 운동을 주도하면서 지도자나 엘리트의 역할을 강조했어요. "나는 영화를 일종의 설교단으로 보고 있다", "영화는 현실의 거울이 아니라 현실을 다듬는 망치다"라고 말할 정도로 그는 영화를 선전의 도구로 생각했습니다. 이런 태도는 플래허티 감독의 입장과 확실히 달랐습니다. 플래허티의 작품이 이국적인 정취가 느껴지는 개인사적인 이야기를 그려냈다면, 그리어슨은 우리 주변의 비개인적인 사회상을 카메라에 담으려고 노력했지요. 그는 "지구의 끝으로 향하고 있는 시민의 눈을, 지금 현재 일어나고 있는 시민들 자신의 이야기로 이끌어와야 한다"라고 말했습니다.[17]

17 『세계다큐멘터리영화사』, 에릭 바누, 다락방

존 그리어슨의
다큐멘터리에 관한 10가지 믿음(1932)

1. 다큐멘터리는 기술적으로 사회를 관찰할 수 있는 가능성을 가진 매체이다. 왜 냐하면 사회에서 우러나오는 진실한 소리와 모습을 듣고 볼 수 있기 때문이다.

: 사진이 발명되고 영화가 만들어진 후 카메라는 우리의 일상생활 안에 자연스럽게 들어와 있습니다. 컴퓨터 그래픽 등으로 사진의 조작이 많아진 시대이긴 하지만, 기본적으로 카메라는 현실의 이미지와 소리들을 큰 왜곡 없이 사실적으로 기록할 수 있는 도구입니다. 그렇기 때문에 사람들은 다큐멘터리를 보면서 진실을 기대합니다.

2. 다큐멘터리는 지역사회의 생활과 정보를 선택적이고 창조적으로 분류하고 제공함으로써 공동체의 삶을 유지하게 하는 예술 형태이다.

: 카메라가 많아지면서 많은 것들이 카메라에 기록되기 시작했습니다. 동네에서 벌어지는 작은 행사부터 큰 규모의 국가행사 또는 국제적인 행사에 이르기까지 미디어가 없이는 일이 진행되지 않습니다. 각종 스포츠 선수들도 비디오 기록을 보면서 상대방의 전력을 분석하는 시대이지요. 이처럼 다큐멘터리는 영상 예술이라는 장르를 뛰어넘어 각종 분야에서 활용되고 있습니다.

3. 공동체에 속한 사람들과 그들의 주거지, 은밀한 곳, 사업장 그리고 오락장 같
  은 곳은 다큐멘터리로 하여금 공동체의 리얼리티를 보여주는 지표들이다.

: 우리 집 안방, 북적이는 번화가, 조용하고 청정한 산골짜기, 오
지의 사막, 총알이 날아다니는 전쟁터 등등……. 다큐멘터리는 우
리가 살고 있는 모든 공간에 카메라를 들이밀고 그 안에서 벌어
지는 상황을 생생하게 기록합니다. 그런데 간혹 지극히 사적인 내
용까지 촬영하여 공개함으로써 윤리적인 문제가 발생하기도 합니
다. 미디어 시대의 단점이라고 말할 수 있겠지요.

4. 공동체의 리얼리티로부터 얻어낸 스토리는 시추에이션 코미디나 드라마보다
  더욱 효과적으로 사회적인 문제나 불합리하고 부조리한 것들을 드러낼 수 있다.

: "현실이 드라마보다 더 드라마틱해"라는 말이 있듯이 배우들에
의해 인위적으로 연출된 상황보다 다큐멘터리에 나오는 실제 인
물이 처한 리얼한 상황이 더 놀랍거나 감동스러울 때가 있습니다.
사회적인 문제를 다룬 다큐멘터리의 경우, 많은 감독들이 관객에
게 직접적으로 자신의 문제의식을 전달하고 싶어 합니다. 관객들
은 그 영상을 보면서 우리가 직면하고 있는 불합리한 문제들을
정확하게 직시할 수 있고, 함께 해결할 수 있는 방법들을 같이 고
민할 수 있습니다.

5. 다큐멘터리는 각개의 라디오나 TV방송사들이 방송을 내보내는 지역사회 삶
   의 질을 높이는 데에 사용되어야 한다.

: 우리가 매일 접하는 영상물을 제작해서 내보내는 방송국은 시
청료, 혹은 광고 수익으로 운영됩니다. 광고 수익은 실제로 우리
가 일상에서 물건을 사는 행위에 의해 발생합니다. 방송국이 기
본적으로 공공성을 유지해야 한다고 주장하는 것은 이런 이유
때문이지요. 그러므로 방송은 끊임없이 지역 사회의 관심사를 수
용하는 프로그램들을 제작해서 방송할 의무가 있고, 시청자는
당연히 그런 것들을 보여 달라고 요구할 권리가 있습니다.

6. 드라마 제작자가 만들어낸 것보다 훨씬 더 놀랄 만한 일들이 현실에서 벌어
   진다. 따라서 다큐멘터리는 인간적인 요소를 극화(劇化)하여 보여줄 때와 마찬
   가지로 시청자에 대한 소구력·공감대·정서적인 영향 등을 스스로 갖추어야
   한다.

: "드라마·극영화의 연출자는 사람이고 다큐멘터리의 연출자는
신"이라는 말이 있듯이 현실에서는 예측할 수 없는 일들이 계속
일어납니다. 다큐멘터리 연출자는 그러한 현실을 뉴스 보도하듯
지루하게 나열하는 것이 아니라 한편의 극영화처럼 구성하여 시
청자들의 수준 높은 눈을 사로잡아야 합니다. 다큐멘터리를 의무
감으로 보는 사람은 많지 않으니까요.

7. 다큐멘터리 제작자는 시야를 좁힐 줄 알아야 한다. 큰 그림 전체를 보여주기 위해서 작은 그림을 사용해야 하는 탓이다.

: 다큐멘터리 제작자는 작은 것으로 큰 것을 상징화할 수 있습니다. 작은 동네에서 발생한 하나의 사건이 그 동네가 속해 있는 사회, 또는 국가의 모순을 압축적으로 담고 있을 수 있거든요. 아무리 사회적으로 의미가 있는 문제라고 해도 스크린을 통해 너무 과장된 그림을 보여준다면 관객은 쉽게 지치게 마련입니다. 제작하는 과정도 만만치 않을 테고요.

8. 다큐멘터리 제작자는 현실을 있는 그대로 보여주고, 그 현실이 어떻게 개선되어야 하는지를 시청자들에게 보여주었을 때 비로소 그의 임무를 완수할 수 있다.

: 모든 다큐멘터리에 해당되는 것은 아니지만, 어떤 고난에 처한 실제 인물을 주인공으로 하는 다큐멘터리의 경우 관객들은 영화 이후 그 사람의 운명에 대해 궁금해집니다. 다큐멘터리 감독은 실제 인물과 영화 제작 이후에도 계속 관계 맺기를 하면서 관객들에게 이후의 상황에 대해 들려주는 대변인이 되어야 합니다.

9. 과거의 사실에 대해 보도하는 뉴스 제작자와는 달리 다큐멘터리 제작자는 새로운 공동체에서 행동을 주도할 사람들에게 봉사함으로써 미래의 뉴스를 만들어낸다.

: 뉴스는 우리에게 그날그날의 중요한 정보를 제공하지만, 그것들은 대개 단편적이고 휘발성이 강합니다. 하지만 다큐멘터리는 어떤 특정한 인물, 또는 어떤 특정한 사안에 대해 장기간의 시간을 두고 제작하여 관객에게 선보이고 작품으로 남아 반영구적으로 시청됩니다. 다큐멘터리 속의 시간은 비록 몇 개월, 몇 년 전의 과거이지만 우리가 살아가게 될 먼 훗날의 모습까지 예단할 수 있는 통찰력을 보여주어야 합니다.

10. 다큐멘터리 제작자는 자유공동체의 임무가 그 스스로 갖고 있는 믿음의 체계로부터 스스로의 리얼리티를 창조하는 데 있다는 것을 믿어야 한다. 즉 현실 속에서 현실을 재창조해야 한다는 사실을 확신해야 한다.

: 현실을 있는 그대로 촬영한다는 것은 불가능합니다. 세상의 모든 곳에 CCTV를 설치하여 그 영상을 모두 결합시킨다고 해도 그것은 현실이라고 말할 수 없습니다. 마찬가지로 카메라를 든 다큐멘터리 연출자는 현실이라는 재료를 가지고 자신의 생각을 조미료 삼아 요리합니다. 그렇게 만들어진 작품은 우리의 현실에 영향을 주는 창조적 결과물이 될 수 있습니다.

영화와 사진은 '기록성'이라는 특성을 공유합니다.

1895년 뤼미에르가 만들었던 최초의 영화부터, 아니 그 이전에 만들어진 수많은 사진들도 마찬가지입니다. 프레임 안에는 찰나의 순간이든 연속적인 상황이든, 우연적으로 찍힌 것이든 인위적으로 연출한 것이든, 모두 그 시대의 공간과 사람들의 모습이 그대로 담겨 있지요. 아무리 그림을 판박이처럼 잘 그리는 화백이 있을지라도 그 시대에 만들어진 집의 창문 모양, 옷맵시, 사람들의 얼굴과 체형 등 카메라의 이미지 복제 기능만큼 정확히 잡아내기는 어려울 것입니다.

그렇다고 해서 모든 기록물을 다큐멘터리라고 말할 수는 없습니다.

다큐멘터리라는 단어를 처음 언급한 존 그리어슨은 다큐멘터리를 "현실 세계의 창조적 처리(creative treatment of actualities)"라고 정의했습니다.[18] 조금 어려운가요? 쉽게 비유하여 설명하자면, "현실이라는 차가운 재료로 완전히 새로운 맛의 뜨거운 음식"을 만드는 것이라고 할 수 있겠네요.

18 

1948년 체코슬로바키아에서 열린 제1회 다큐멘터리 세계연맹대회에서는 다큐멘터리에 대해 이렇게 정의했다. "다큐멘터리 영화란 경제, 문화, 인간관계의 영역에서 인간의 지식과 이해를 넓히고 그 욕구를 자극시키며 문제와 그 해결책을 제시하기 위한 목적을 가지고 이성이나 감성에 호소하기 위해서 사실의 촬영이나 진지하고 이치에 맞는 재구성을 통해 해석되는 사실의 모든 면을 영화화하는 모든 방법을 말한다."

19

미국 매사추세츠 주에 있는 한 정신병원에서 벌어지는 상황을 기록한 작품. 병원에서 해마다 열리는 연례 공연의 이름이 '티티컷 폴리스'였다. 영화는 죄수 환자, 교도관 등 제도화된 기관 안에서 살아가고 있는 사람들의 모습을 아무런 개입 없이 보여준다.

작품을 통해 보여주는 나의 시선
: 다큐멘터리의 주관성

◯ "다큐멘터리인데 왜 객관적이지 않지?"

다큐멘터리에 대한 흔한 착각 가운데 하나입니다. 결론부터 말하자면 다큐멘터리는 객관적일 수 없습니다. 영화는 사람의 생각을 담아내는 것이기 때문입니다. 극영화가 작가 또는 감독의 의도대로 써진 시나리오에 따라 촬영되어 주제를 표현하듯이 다큐멘터리 역시 연출자가 세상을 어떻게 바라보고 있는지, 어떤 사안에 대하여 고민하고 있는지를 드러냅니다.

프레드릭 와이즈만 감독

「티티컷 폴리스Titicut Follies」19(1967)

◈ 다큐멘터리의 다양한 양식 중에 '다이렉트 시네마(direct cinema)'라는 것이 있습니다.

어떤 내레이션도 없이 또 인터뷰조차 시도하지 않고, 특정한 공간에서 벌어지는 상황을 아무런 개입 없이 촬영만 해서 보여주는 방식입니다. 미국의 감독 프레드릭 와이즈만(Frederick Wiseman)은 이러한 방식을 적극 활용한 대표적 작가입니다. 다큐멘터리의 거장으로 간주되는 그는 원래 직업이 변호사였다고 합니다. 사회제도와 조직에 관심이 많았던 와이즈만은 병원·학교·법정·군대훈련소 등에서 벌어지는 일련의 생생한 상황들을 카메라로 기록하여 작품화했습니다.

◈ 이런 스타일을 우리는 '관찰적 양식(observational mode)'이라고 부릅니다.

말 그대로 카메라가 '벽에 붙은 파리'가 되어 가만히 상황을 응시하는 것이지요. 여기에는 인터뷰도, 내레이션도 등장하지 않습니다. 그저 아무런 개입 없이 있는 그대로의 상황을 보여줄 뿐입니다. 마치 객관적인 자세를 취하고 있는 듯 보이지요. 하지만 이런 작품들조차도 어떤 특정한 공간 안에서 벌어지는 특정한 상황을 연출자가 '선택'해서 보여주는 것이므로 결국은 '주관적'이라고 말할 수 있습니다.

◈ 다이렉트 시네마와 상대적인 개념으로 '시네마 베리떼(cinema verite)'가 있습니다.

카메라가 어떤 상황을 관찰하는 것에 머물지 않고 적극적으로 현실에 개입하는 작품 양식이지요. 이런 작품에서는 등장인물의 인터뷰가 나오고, 종종 화면 속에 연출자를 비롯한 제작진이 출연하기도 합니다. 뒤에서 살펴보게 될 마이클 무어(Michael Francis Moore, 1954~) 감독의 「로저와 나Roger & Me」(1989), 「볼링 포 콜럼바인Bowling For Columbine」(2002) 등이 대표적인 시네마 베리떼 양식의 작품으로서, 그 최초의 시도는 1961년 작 「어느 여름날의 연대기Chronicle of a Summer」라는 작품입니다. 제작자들이 화면 속에 나와서 자신들의 생각을 말하므로 당연히 주관적이라는 느낌이 듭니다.

「어느 여름날의 연대기Chronicle of a Summer」(1961)

🌀 베리떼(verite)라는 말은 '진실'을 의미하는 프랑스어입니다.

그러나 시네마 베리떼이든 다이렉트 시네마이든 두 양식이 공통으로 지향하는 것은 '진실'입니다. 진실이라는 그 목표에 도달하는 과정과 스타일이 다를 뿐이지요. 이때 진실을 바라보는 시선 즉, 연출자의 눈은 주관적인 것입니다.

⚙ 우리가 일상에서 흔히 만나는 영상 매체나 언론사의 정보들은 그것을 만든
기관의 기조를 반영합니다.

여러 방송국의 시사 다큐멘터리 프로그램, 심지어는 신문에 나오는
자그마한 기사 하나조차도 방송국 혹은 신문사가 지향하고 있는 생
각을 반영한다는 뜻이지요. 바로 이런 점 때문에 우리는 주체적인 사
고 연습을 해야 합니다. 언론에 나오는 모든 내용을 사실로서 혹은
진실로서 착각하기 쉽기 때문입니다. 따라서 우리는 언론이 어떤 내
용을 다루는 이유와 방식, 그리고 정확한 맥락이 무엇인지 한번쯤 의
심해볼 필요가 있답니다. 진실을 보는 좋은 시력은 거저 얻어지는 게
아니거든요!

TV 다큐멘터리와 극장용 다큐멘터리

「무한도전」, 「1박 2일」 등의 예능 프로그램들도 다큐멘터리적인 요소들을 가지고 있습니다. 그래서 요즈음 시대를 '다큐멘터리 대세의 시대'라고 말하는 사람도 있어요. 정말 그렇습니다. 드라마나 뉴스를 비롯해서 수많은 다큐멘터리들이 시청자의 안방을 공략합니다. 각 지역의 특산물이나 음식을 소개하기도 하고, 「VJ 특공대」처럼 특정 직업의 달인이 보여주는 기이한 풍경들도 자주 나옵니다. 또는 「인간극장」처럼 특이하거나 기구한 사연을 가진 이들의 생활을 밀착 촬영해서 보여주는 미니시리즈 형식의 영상물도 많습니다. 요즈음은 방송국에서 제작하는 다큐멘터리의 기획 규모가 점점 커지고 있습니다. 장기적인 기획도 많아졌고, 예산도 대폭 증가되었지요. 그래서 한 번 방송되었던 다큐멘터리가 '원 소스 멀티 유즈(one source multi use)'라는 개념으로 극장용 다큐멘터리로 재편집되어 안방이 아닌 영화관 개봉을 통해 다시 관객과 만나기도 합니다. KBS가 기획하고 자체 제작한 「슈퍼피쉬-끝없는 여정」(2013)[20] 등이 그 좋은 예입니다.

텔레비전 다큐멘터리들은 주로 방송국의 사전 기획에 따라 자체 인력에 의해 만들어지거나 외

20 ▶

KBS의 글로벌 대기획 「슈퍼피쉬」를 극장 판으로 만든 다큐멘터리. 10만 년에 이르는 인간과 물고기의 생존 투쟁사를 그렸다. 슬로모션, 타임 슬라이스 기법 등을 활용하여 볼거리를 화려하게 했고 체코 국립교향악단의 오케스트라가 음악을 맡아 장엄함을 더했다.

주 제작 형태로 만들어집니다. 몇 개월 혹은 몇 년에 걸쳐 제작된 다큐멘터리 프로그램들은 일차적으로 시청자들에게 정보를 제공함과 동시에 특정 사안에 대한 깊이 있는 분석의 틀을 제시합니다. 그렇지만 텔레비전 다큐멘터리에서 작가나 연출자 개인의 견해를 노골적으로 드러내는 것은 불가능합니다. 그 견해가 방송국이 표방하는 기조에 어긋나면 아무리 작품성이 뛰어난 프로그램이라고 해도 전파를 타기 어렵습니다.

이에 비해 극장용 다큐멘터리는 말 그대로 영화관을 통해 관객들과 직접 만나게 됩니다. 따라서 방송용 다큐멘터리보다 형식적인 면이나 내용적인 면에서 훨씬 자유로운 형태로 제작되지요. 이 같은 이유에서 독립적인 다큐멘터리 제작자들은 제작 의뢰자의 지나친 간섭 없이 자신의 생각을 비교적 마음껏 표현할 수 있는 극장용 다큐멘터리로 관객과 만나고 싶어 합니다. 대다수 다큐멘터리 작가들의 로망이기도 해요.

방송용 다큐멘터리가 시청률이라는 평가에 휘둘리는 것처럼 극장용 다큐멘터리 역시 얼마나 많은 관객을 끌어 모았나 하는 문제로 심판을 받을 수 있거든요. 하지만 진정성 있는 감동적인 작품이라고 해도 배급 마케팅의 형태에 따라 성적이 달라질 수 있으므로 관객 수가 많은 작품이 반드시 좋은 다큐멘터리라고 말할 수는 없습니다. 관객 수가 적어도, 작은 울림만 가지고도 큰 반향을 일으키는 작품들이 적지 않으니까요 "다큐멘터리 영화 관객 1만 명은 극영화 개봉작 100만 명과 같다"는 말은 다큐멘터리를 감상한 소수의 관객이 충분히 사회적 여론을 형성할 수 있다는 뜻이기도 합니다. 2009년 용산 참사를 다루었던 「두 개의 문」(김일란·홍지유 감독, 2011), 천안함 사건의 진실에 대해 화두를 던졌던 「천안함 프로젝트」(백승우 감독, 2013) 같은 작품들은 사회적 문제에 관심이 많은 소수의 관객들과 만났습니다. 그래서 그들로 하여금 과연 어떠한 것이 진실인지 적극적으로 생각해보게 함과 동시에, 그와 같은 비극이 다시는 일어나지 않도록 우리가 함께해야 할 일은 무엇인지 되돌아볼 수 있게 만들었지요. 왜곡된 진실이나 첨예한 갈등을 다큐멘터리 감상을 통해 진지한 시각으로 확인하고, 그 문제가 해결될 수 있도록 개개인의 목소리를 합쳐 건강한 여론을 형성한다면 그 사회는 건강한 방향으로 나아갈 수 있을 것입니다.

또 사회적 문제를 직접적으로 다루지 않더라도 관객에게 '살아간다는 것'의 의미를 보여주어 영혼을 울렸던 감동적인 작품들도 많습니다. '로드리게즈'라는 가수의 특별하면서도 평범한 삶을 보여준 음악 다큐멘터리 「서칭 포 슈가맨」(2012)은 막대한 홍보 마케팅 비용을 들이지 않았지만 보고 난 관객들의 입소문이 퍼지면서 작은 흥행을 이어나갔던 명작이었습니다. 여러분도 한번쯤 이 같은 다큐멘터리 영화들을 상영하는 소규모 영화관을 찾아가보기 바랍니다. 대량으로 찍어내는 블록버스터 영화가 아니라 정성들여 만든 수제품 같은 명작을 감상할 수 있는 멋진 순간을 경험하게 될 것입니다.

Les frères Lumière

나만의 다큐멘터리 만들기

일반적인 다큐멘터리 제작 과정

🌀 어느 날, 여러분에게 멋진 이야기가 떠올랐습니다.

혼자서만 간직하기 아까운 마음에 이것을 글로 옮기려고 마음먹습니다. 다른 사람들이 관심을 가져줄 만큼 재미있는 글로 말이지요. 우선 줄거리를 만들고, 등장인물을 정하고, 그들에게 성격을 부여하고, 여러분의 아이디어를 잘 표현해줄 사건도 만듭니다. 밤을 새워 지웠다 썼다 하면서 이야기 만들기에 흠뻑 빠져듭니다. 그러고 나서 여러분은 옆자리 짝꿍이나 친구에게 넌지시 건넵니다. "이거 한 번 읽어봐!" 친구는 여러분이 준 글을 읽고 자기 의견을 말해주겠지요. 여자 주인공의 성격이 마음에 안 든다, 사건이 너무 약하다, 조연은 좋다 등등……. 그러면 여러분은 또 고민하면서 친구들의 의견을 참작하여 이야기의 완성도를 높여가겠지요. 마침내 마음에 쏙 드는 이야기가 완성되면 인터넷에 올려보기도 할 테고요.

🌀 영상을 만드는 과정도 글쓰기와 비슷합니다.

다른 사람에게 보여주고 싶은 이야기가 생기면 우선 이것을 어떤 방법으로 어떻게 표현할까 고민하겠지요. 어디서 어떻게 촬영할까, 어떤 사람을 내세울까, 자막을 넣을까, 배경 음악은 뭐가 좋을까……. 본인의 생각을 보다 효과적으로 드러내는 방법을 여러 모로 연구한 다음 이야기의 얼개를 잡을 것입니다. 그리고 마침내 장비를 들고 나가 "레디 셋 고우!"를 외치겠지요? 그 다음에는 여러 사람과 함께 모니터링을 하고, 영상에 마술을 걸어주는 편집 작업을 하고요. 물론 각자의 상황에 따라 약간 차이는 있겠지만, 영상물을 만드는 작업은 대략 다음과 같은 과정을 거칩니다.

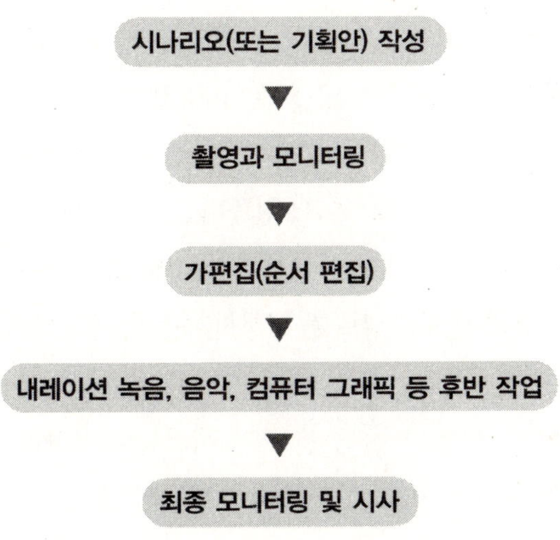

작품의 성격이나 제작 규모에 따라 이 과정은 조금씩 달라집니다. 하지만, 전문가 집단이 아니라 학교나 동아리 모임에서 영상 제작 과정을 진행할 경우에는 촬영과 편집 등 전반적인 제작 상황이 현실적으로 가능한 범위 안에서 이루어져야 합니다. 처음부터 욕심을 부려

유명한 연예인을 캐스팅한다든지, 해외촬영이 필요하다고 주장한다든지, 할리우드 영화처럼 컴퓨터 그래픽 효과가 요란한 편집을 계획한다면? 흔히 말하듯 작업이 '엎어질' 가능성이 커집니다.

⚙ 다큐멘터리 작업은 소박한 마음으로 각자의 역할에 충실할 때 좋은 작품이 나올 가능성이 높아집니다.

특히 여러분 같은 청소년들이 작업할 때는 더욱 그렇지요. 지금 여러분은 인생의 단계 중에서 아이디어가 가장 왕성하고, 창의력이 뛰어난 시기를 보내고 있으니까요. 서로 반짝이는 아이디어를 모아가다 보면 의외로 멋진 작품을 만들 수 있습니다. 평소 글을 잘 쓰거나 아이디어가 풍부한 친구는 작가를 맡고, 그림을 잘 그리거나 사진 찍기를 좋아하는 친구는 카메라를 들고, 컴퓨터를 좋아하고 편집 프로그램을 접해봤거나 관심이 있는 친구는 편집을 맡고……. 이런 식으로 각자의 역할을 정해서 프로젝트를 진행시켜야 합니다. 영상 작업은 글쓰기처럼 혼자 할 수 있는 일이 아니기 때문입니다.

⚙ 다큐멘터리 작업과 극영화 작업의 과정은 조금 다릅니다.

극영화의 경우에는 먼저 감독(작가)의 아이디어나 경험에서 나온 이야기를, 혹은 원작(소설, 만화 등)이 있는 경우에는 그 이야기를 기반으로 영화 문법에 맞게 시나리오로 만듭니다. 그런 다음 그 내용에 맞는 장소를 찾아 헌팅 작업을 하고, 이야기 속의 인물들을 가장 잘 소화해낼 수 있는 배우들을 캐스팅합니다. 반면 다큐멘터리의 경우에는 신문이나 잡지 등에서 본 이야기나 일상에서 찾은 이야깃감이 소재가 될 수 있습니다. 극영화의 시나리오처럼 딱 정해진 것이 없는 대신 그만큼 많은 사전 조사가 필요합니다. 그렇다고 무턱대고 자료를 모으기만 하면 그 무게감에 억눌릴 수 있으므로 내가 작품을 통해 무엇을 말할 것인가를 염두에 두고 짧은 시간 동안 집중적으로 조사하는 것이 좋습니다. 다큐멘터리는 실제 사건이나 실존 인물을 카메라에 담아 작품화하는 것이므로 윤리적인 문제에도 신경을 써야 합니다.

◯ 사전 조사가 어느 정도 이루어지면 가(假)구성안을 만듭니다.

어떤 현장에서 어떤 사람을 촬영할 수 있는지, 자료 화면과 사진 등을 어디서 구할 수 있는지 등을 고려한 구성안이지요. 내레이션(narration)[21]이 안 들어가는 작품도 있긴 하지만, 보통은 내레이션을 활용하여 내용의 틀을 잡아나갑니다. 그 안에 인터뷰를 계획했을 경우에는 사전 조사한 내용을 근거로 어떤 사람이 가장 적합한 인터뷰를 해줄 수 있는지 미리 알아봐야 합니다. 또 인터뷰 대상에게 던질 질문들을 작성해서 미리 보내는 경우도 많습니다.

[21] 영화·방송극·연극 등에서 장면에 나타나지 않으면서 장면의 진행에 따라 그 내용이나 줄거리를 장외(場外)에서 해설하는 일, 또는 그런 해설.

다큐멘터리 영화 「진실의 문」
○○○님 인터뷰 질문지

인터뷰에 응해주셔서 진심으로 감사드립니다. 작품 안에 저의 질문 목소리는 모두 편집되어 빠지기 때문에 질문에 대한 단답형 질문이 아닌 완전한 문장 구조를 가진 답변으로 말씀해주셨으면 합니다. 그리고 사건과 관계된 인물들의 실명은 작품에서 임의로 정한 약자로 말씀해주셨으면 합니다. 명예훼손 등의 법적인 문제가 우려되기 때문입니다. 사건과 관련된 더 자세하고 많은 내용을 말씀해주실 수 있을 거라고 생각됩니다. 가구성안에서 저희가 놓치고 있는 부분이 많습니다. 지적해주시기 바랍니다.

Q 김훈 중위 사건을 맡으신 경위에 대해서 간단히 설명해주시고, 그 과정 동안 느끼셨던 점을 말씀해주십시오.

Q 김훈 중위 사건이 발생한 벙커를 방문하신 것으로 알고 있습니다. 벙커 내의 격투와 반항의 흔적에 대해 자세히 설명해주십시오.

Q 그 흔적이 어떻게 발생한 것이라고 추정하십니까?

Q 격투와 반항의 흔적으로 다른 것은 없었습니까?

Q 국방부 특조단의 발표에 의하면 그날 아침 수색 정찰이 있었다고 하는데, 이를 반박하는 내용의 자료를 확보하신 것으로 알고 있습니다. 자세히 말씀해주십시오.

Q 지지부진하던 김훈 중위 사건 진상규명 작업의 전환점이 될 수 있었던 기회가 있었던 것으로 알고 있습니다. 그 과정을 자세히 설명해주십시오.

Q 벙커에 철모가 있었던 사진이 발견되었는데, 철모 사진을 보면서 가정하시는 가설을 말씀해주십시오.

Q 철모에 대해서 전역병들을 상대로 조사한 내용을 자세히 말씀해주십시오.

Q 사건과 관계된 인물들의 진술서는 어떤 사람들의 것이었고 그 분석결과 도출된 철모 관련 결과가 있으면 말씀해주십시오.

Q 철모에 붙어 있는 야광띠의 용도나 쓰임새를 말씀해주십시오.

Q 철모에 이름을 써놓는 특별한 방식이 있는지 미군과는 어떻게 다른지 설명해주십시오.

Q 특조단의 주장은 현장 사진의 철모가 군의관 A 대위라고 하는데, 그 주장이 맞지 않는 이유는 무엇입니까?

Q 국방부 특조단의 수사결과 선임하사와 사병들의 접촉이 드러났습니다. 그 내용
　을 자세하게 설명해주십시오.

Q 당시 언론의 반응은 어떠했습니까? 언론이 당시 포커스를 맞췄던 부분을 말씀
　해주십시오.

Q 과열 보도의 양상이 나타나면서 언론이 어떤 실수를 범했는지 말씀해주십시오.

Q 질문 내용 외에 더 말씀해주실 수 있는 부분이 있다면 말씀해주시기 바랍니다.

위 질문지는 필자의 두 번째 작품인 「진실의 문」(2004)의 인터뷰
를 촬영하기 전, 인터뷰를 해주실 분(interviewee)에게 미리 보내드
린 질문지입니다. 사전조사에 의해 만들어진 가구성안을 토대로
질문들을 정리하고 어떤 인터뷰이가 그 내용에 대해 가장 정확하
게 설명해줄 수 있을지를 결정한 후 해당 질문들을 추려서 질문
지를 만듭니다. 하나의 사안에 대해 딱 한 사람에게만 묻는 것이
아니라 2~3명의 인터뷰이에게 질문하는 것도 좋은 방법입니다.
그 사안에 대해 다른 의견이 나올 수도 있고, 같은 의견일 경우에
는 보다 풍부한 내용으로 편집할 수 있기 때문입니다.

Cut!!

❂ 본격적으로 촬영이 진행될 때 애초 계획했던 대로, 즉 다큐멘터리의 가구성안대로 찍히는 경우는 별로 없습니다.

하지만 실망은 금물!! 촬영본을 모니터링하면서 가구성안의 내용, 내레이션 등을 수정하고, 편집·녹음·CG 등의 후반 작업을 거쳐야만 비로소 한 편의 작품이 완성되니까요. 여러분, 모니터링 하는 것을 절대 잊지 마세요. 모니터링은 매우 중요합니다. 편집을 하다 보면 자신만의 오류에 빠질 수 있기 때문이지요. 글을 쓸 때 자기도취에 빠지면 이야기가 산으로 갔다 바다로 갔다 하잖아요? 그래서 책을 만들 때 외과의사의 눈으로 글을 바라보는 편집자가 꼭 필요한 거고요. 영상물 편집 작업도 마찬가지입니다. 다른 사람의 객관적인 눈으로 평가를 받고 나서 수정에 또 수정을 거치면 아름답게 가공된 보석처럼 한편의 멋진 작품이 탄생됩니다.

다큐멘터리의 시나리오, 기획안

시나리오는 십중팔구 감독이나 시나리오 작가의 머릿속에서 나옵니다. 그렇기 때문에 미리 정해질 수 있는 것들이지요. 하지만 다큐멘터리는 어떤가요? 실제 인물의 행동이나 말을 촬영하는 마당에 미리 정해놓고 할 수 있을까요? 불가능한 일입니다. 또 그렇게 해서도 안 되고요. 예를 들어 자연다큐멘터리를 찍는다면서 미리 준비한 먹잇감을 던져 놓는다거나, 어떤 무리에서 새끼 한 마리를 억지로 데려와 촬영한다면 어떨까요? 그런 작품을 두고 진정성 있는 다큐멘터리라고 할 수 있을까요?

아니요, 그렇지 않습니다. 다큐멘터리 영화를 만들 때에 무엇보다 먼저 준비해야 하는 것은 '기획안'입니다. 극영화의 '시나리오'라는 단어 대신 다큐멘터리에서는 '기획안'이라는 표현을 씁니다. 얼핏 같은 개념으로 보이지만, 속사정은 조금 다릅니다. 다큐멘터리의 기획안은 어떤 인물(캐릭터)들이 나오는지, 어떤 배경(시공간) 속에서 어떤 이야기를 보여줄 것인지, 또 그것을 통해 관객들에게 어떤 주제를 전달하고 싶은지를 정리한 일종의 치밀한 계획서입니다. 건축으로 따지자면 좋은 집이나 구조물을 짓기 위한 설계도라고 할 수 있고, 소설로 따지자면 정교한 시놉시스라고 할 수 있지요.

❂ 필자가 2007년에 발표한 다큐멘터리 영화 「무죄」는 박동운 님과 그의 가족이 겪은 억울한 이야기를 다룬 작품입니다.

박동운 님을 여러 번 만나 뵙고—카메라 없이—필자가 가장 먼저 한 일도 기획안을 만드는 것이었어요. 영상을 만들기 위해서는 카메라, 편집 컴퓨터 등의 장비도 필요하고 함께 작업할 사람들의 인건비도 필요합니다. 상업적인 성격의 영화라면 시나리오를 돌려서 투자를 받을 수 있겠지만, 그런 성격의 작품이 아니었기 때문에 필자는 다른 방법을 택했습니다. 지금은 예전보다 기회들이 더 많아졌지만, 영화진흥위원회 같은 국가기관이나 국내외 여러 영화제에서는 다큐멘터리의 제작을 지원하는 제도를 마련해서 운영하고 있습니다. 심사위원들은 제출된 기획안을 통해 이 연출자가 어떤 생각을 가지고, 어떤 내용과 느낌의 영상을 만들고 싶어 하는지 면밀하게 검토한 후 지원금을 받을 작품을 선정합니다.

❂ 기획안은 보통 기획의도(연출의도), 시놉시스(줄거리), 인물 소개, 촬영 계획, 그리고 예산안 등의 항목으로 이루어집니다.

"다큐멘터리를 만드는 데 무슨 서류 작업이 이렇게 복잡해?" 하면서 투덜거릴 친구들도 있겠네요. 하지만, 생각을 바꿔보세요. 글쓰기라는 작업을 통해서 자신의 생각을 정리할 수 있고, 또 작품을 함께 만드는 친구들과 아이디어를 공유할 수 있는 가장 좋은 방법이 기획안 만들기입니다. 기획안이 없다면 오히려 작업자들 간의 의사소통이 더 힘들어지고, 시간도 더 많이 걸릴 수 있습니다.

◯ 다음은 필자가 만든 다큐멘터리 「무죄」의 기획안입니다.

읽는 이에 따라서 간단하게 보일 수도 있고 복잡하게 보일 수도 있겠지만, 중요한 것은 기획안을 작성하면서 자신이 만들고자 하는 작품의 전체적인 느낌과 말하고자 하는 주제를 잡는 것입니다.

다큐멘터리 영화 「무죄」 (김희철, 2007)

◆ 시놉시스(줄거리)

1981년 봄날, 저와 고모부(허현), 고모(박미심), 동생(박근홍), 작은어머니

(한등자), 어머니(이수례)는 영문도 모른 채 갑자기 연행되었습니다. 우리가 끌려간 곳은 남산 안기부 지하 취조실이었습니다. 수사관들은 군복으로 갈아입히고 대뜸 몽둥이질부터 했고, 아버지(박영준)를 만났느냐고 물었습니다. 한국전쟁 때 행방불명된 아버지 이름을 그곳에서 듣게 될 줄은 꿈에도 몰랐습니다. 상상을 초월하는 고문에 다들 몸이 상했고, 어머니는 걷지도 못할 정도였습니다. 계속되는 고문과 밤낮을 알 수 없는 캄캄한 지하실의 공포 속에서 우리는 수사관들의 각본대로 100장이 넘는 진술서를 썼습니다.

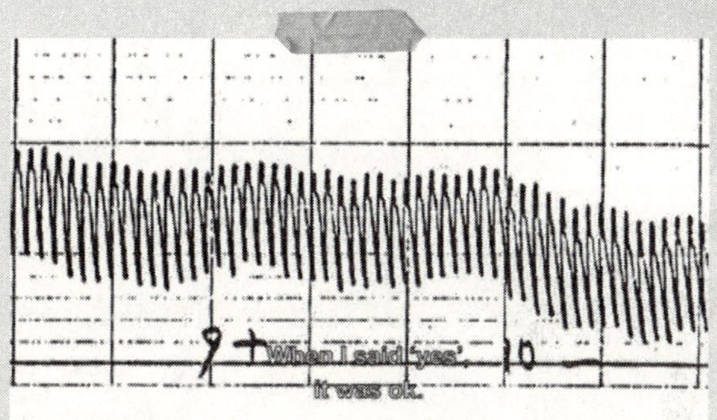

안기부의 취조에 활용된 거짓말탐지기 기록지

그렇게 완성된 진술서로 우리 가족은 일가족 간첩단이 되었습니다. 목포 상고를 다닐 때 살았던 자취방은 이북에서 내려온 아버지가 저를 포섭한 장소로, 목포 뒷개해안은 북괴공작선을 타고 입북한 곳으로, 농협에서 근무할 때 출장 갔던 조도는 2차 월북 장소로 조작됐습니다.

어찌된 일인지 수사관들은 저 하나만 이북에 다녀온 것으로 결론을 냈습니다. 내세운 증거물이라고는 고작 친구들 전화번호가 적힌 수첩, 다니고 있던 농협의 인사기록카드, 사진첩, 고장 난 라디오와 짜귀(망치) 한 자루 뿐이었습니다.

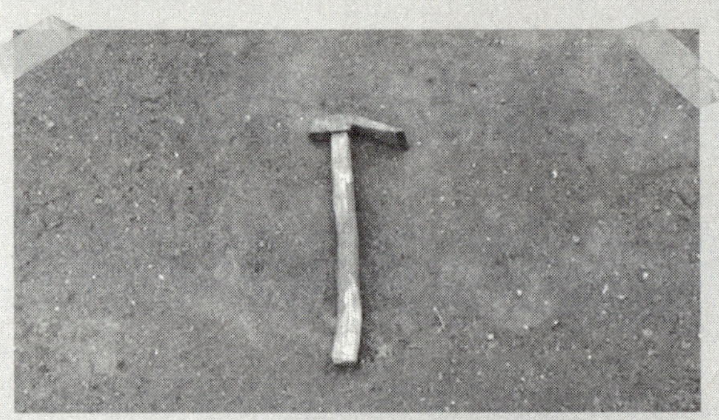

국가안전기획부가 박동운 일가를 간첩단으로 조작하기 위해
내세웠던 증거 중 하나인 짜귀

안기부 수사관들이 빽 둘러서 있던 재판에서 저는 사형, 작은아버지(박경준)는 징역 10년, 어머니와 동생은 징역 5년, 고모와 고모부는 징역 1년을 선고 받았습니다. 죄 없는 농민을 데려다 죄를 만들어놓고 안기부 수사관들은 훈장을 타고 진급한 모양입니다.

진도의 한 산골에서 양봉 작업을 하고 있는 박동운

18년의 수형생활 끝에 돌아오니 할 수 있는 일이 많지 않았습니다. 사람을 안 만나고 혼자 할 수 있는 일을 찾다가 벌 키우는 일을 시작했습니다. 제가 감옥에 있는 동안 '간첩의 마누라'로 홀로 자식을 키운 아내는 말할 것도 없고, '간첩의 자식'으로 낙인찍힌 아이들에게도 세상은 감옥이었을 겁니다. 저는 아내와 아이들 사이에 들어갈 틈을 찾지 못했고, 혼자 살기로 마음먹었습니다.

이 땅에는 저처럼 섬과 같은 삶을 살고 있는 조작간첩들이 수없이 많습니다. 간첩으로 조작된 사람들의 삶의 시계는 늘 그날, 그곳에 멈춰 있습니다. 한밤의 가위눌림처럼 벗어나고 싶어도 벗어날 수 없습니다. 우리가 바라는 것은 조작된 내가 아니라 진정한 나를 찾는 것입니다. 재판장님의 현명한 판결을 기대하면서 이만 줄입니다.

남자는 재판장에게 보낼 편지를 마치고 또 한 통의 편지를 쓴다.

"이 애비가 간첩죄를 지었건 안 지었건 간에 애비로서 해야 할 도리를 못한 거에 대해서는 뭐라 변명할 게 없다……."

◆ 연출 계획

이 작품은 1981년, 진도조작간첩사건을 다루는 기록영화이다. 국가공권력의 조작에 의해 간첩단으로 낙인찍힌 박동운 님과 그의 가족, 친지들이 앞으로 사건의 재심을 맡게 될 가상의 재판장에게 보내는 호소문의 형식을 취한다.

일단 방송 다큐멘터리 프로그램들과 차별성을 두기 위해 이 사건과 피해에 대한 전문가의 객관적 인터뷰나 해설보다는 피해 당사자의 직접적인 목소리들을 요소로 구성할 계획이다. 피해자들의 인터뷰가 중심이 되어 사건의 전개 과정과 이후의 고통에 대해 이야기하고, 작품의 주인공이라 할 수 있는 박동운 님은 중간 중간에 들어갈 내레이션을 읽을 예정이다. 이 내레이션은 박동운 님이 직접 쓴 편지를 바탕으로 재구성된 것이다.

이 영화를 보면서 이들이 진짜 간첩일 경우를 의심하면서 이 주장이 객관적으로 증명될 것인지를 의심하는 관객들도 있을 것이다. 하지만 연출자는 피해자들의 호소에 더욱 귀를 기울이고 그 입장에서 사건을 바라보고자 한다. 형언할 수 없는 온갖 고문에 시달려 간첩으로 조작된 그들에게 또 한 번의 의심 어린 시선을 보내는 것은 이분들에게 너무나 가혹하기 때문이다.

작품의 전반부에서는 사건의 전개 과정을 당시 안기부로 끌려갔던 다섯 분(박동운 님의 어머니, 동생, 고모, 고모부, 숙모)의 인터뷰를 통해 보여준다. 이 부분에서는 증언 내용과 관련된 이미지들을 인서트 컷(insert cut;끼워넣는 화면)으로 넣을 예정인데, 재연 배우들의 어설픈 연기가 아닌 관련 사물들(주사기, 망치, 재판 의사봉 등)의 클로즈업이나 스캔 이미지들이 많이 사용될 것이다. 이것은 이 사건을 일단 미시적으로 들여다본다는 의미가 될 수 있다.

박동운 님의 어머니 인터뷰, 전라남도 진도 돌담 앞

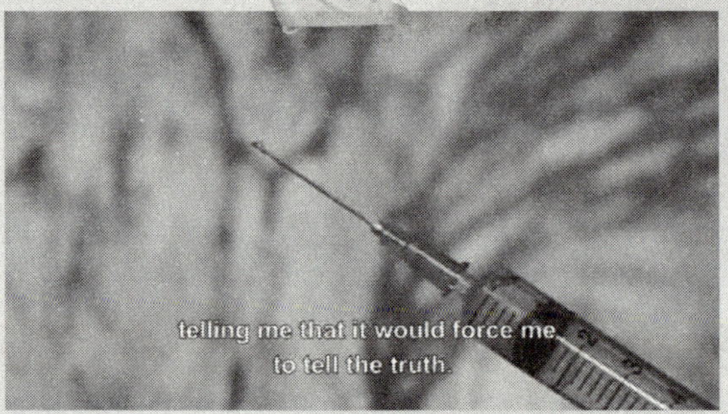

안기부의 고문에 사용된 주사기

1981년 사건 당시, 안전기획부의 일반적인 주장을 대대적으로 보도한 대한뉴스 화면

중반부에서는 사건으로 인한 1차적인 피해에서 보다 더 들어가 조작간첩 가족들이 현재까지도 겪고 있는 고통에 대해 집중 조명하고자 한다. 간첩의 가족이라는 이유로 사회로부터 받아야 했던 수많은 차별들, 또 그러한 것들 때문에 가족끼리 서로 소통하지 못하는 상황을 아름답지만 처량한 진도의 풍경, 박동운 님의 양봉 작업 장면, 담백하면서 인상적인 삽화 등으로 표현할 것이다. 초상권 보호를 위해 박동운 님의 부인은 인터뷰에서 얼굴이 나오지 않을 것이다.

진도의 풍경을 바라보고 있는 박동운 님

후반부에서는 조작간첩 피해자들의 모임에서 자신들의 피해를 호소하는 조작간첩 선생님들의 모습과 그 가족의 인터뷰를 보여준 후, 거시적 관점에서 이들 조작간첩 사건들이 왜 발생했는지에 대한 내용을 관련 자료화면, 사진자료 등으로 구성할 것이다. 영화의 마지막에는 현재 따로 살면서 연락을 주고받지 못하고 있는 아버지가 자식들에게 보내는 영상 편지가 덧붙여진다.

타이틀을 제외하고는 가급적 CG 작업을 하지 않고, 많은 부분이 단순한 컷 연결로 편집될 것이다. 이런 편집 양식은 다소 무료하게 보일 수 있지만, 새로 작곡될 극소주의(minimalism)[22]적인 분위기의 음악들과 어울리면서 깔끔한 느낌을 줄 것이다.

사건 자체를 사람들에게 알린다는 기본적인 목적도 중요하지만, 현재 너무나 긴 세월 동안 쌓인 상처들로 인해 의사소통의 방법을 찾지 못하고 있는 박동운 님과 그의 자녀들 사이를 가로 막고 있는 벽을 허무는 데에 이 기록영화가 활용되길 바란다. 그리고 이러한 과정이 관객들과 공유되고, 그들이 겪고 있는 시대의 아픔을 우리 사회가 함께 끌어안을 수 있기를 바란다.

[22] 되도록 소수의 단순한 요소로 최대 효과를 이루려는 사고방식이나 기법.

◆ 제작 스케줄

구분	촬영 일정	촬영 장소	비고

인터뷰 촬영	2006년 6월~8월	전라남도 진도, 서울, 강원도 강릉 등	# 고모, 고모부, 숙모
			  6월 23일 인터뷰 촬영
			# 어머니 이수례
			  7월 2일 인터뷰 촬영
			# 동생 박근홍
			  서울 거주, 8월 초순
			# 조작간첩 김철
			  강원도 강릉 거주

사건 현장, 재연 이미지 (안기부 취조실, 재판장, 감옥 등)	2006년 9월~10월	# 서울 서대문형무소 # 광주광역시 　5·18자유공원, 　광주교도소 등	# 광주 5·18자유공원 7월 1일 1차 답사
* 공간 및 소품 촬영 위주		# 전라남도 목포, 　진도 　뒷개해안, 　농협사무실 등	
양봉 작업 촬영	2006년 6월~8월 (봉군관리) 2006년 가을(채밀) 2007년 봄(이동)	전라남도 진도, 경기도 용인, 경상북도 상주 등	# 2007년 봄 추가촬영
농촌 생활 촬영	2006년 8월~10월	전라남도 진도, 해남	# 고모, 고모부, 숙모님 등
구성안 수정 및 확정	2006년 7월~8월	서울	
후반 작업 　– 가편집 　– 사운드 보정 　– 내레이션 녹음 　– 음악 작곡 　– 삽화 제작 　– 종합 편집	2006년 11월~ 2007년 2월	서울, 전라남도 순천 (내레이션 녹음) 등	# 박동운 님 내레이션 녹음 10월 하순

위의 예처럼 기획안에서는 작품을 통해 보여주고자 하는 이야기를 소개하고, 그것을 어떤 식으로 표현할지에 대해 세운 계획을 기술합니다.

필자는 다큐멘터리 영화 「무죄」의 기획안을 세 부분으로 나누어 작성했습니다. 영화의 기둥이 될 '시놉시스(줄거리)', 연출자의 의도와 바람을 담은 '연출 계획', 그리고 일의 진행 순서를 정리한 '제작 스케줄'입니다. 시놉시스는 박동운 님의 인터뷰를 토대로 구성했고, 연출 계획에서는 애초 이 작품을 구상할 때의 의도를 최대한 살리려고 노력했어요. 제작 스케줄은 시간과 장소를 가장 효과적으로 활용할 수 있도록 세웠습니다. 생각보다 그렇게 복잡하지 않지요? 한 가지 더. 기획안을 짤 때는 관련된 이미지(사진, 그림, 영상자료 등)들을 적극적으로 활용하면 좋습니다. 그러면 기획안을 보는 사람들이 더 쉽게 이해할 수 있겠지요?

촬영의 단위, 영상의 언어들

◯ 기획안이 준비되었다면 이제 본격적으로 촬영을 시작합니다.

요즈음에는 카메라들이 워낙 다양해서 어떤 카메라를 사용하느냐에 따라, 또는 어떤 방식으로 촬영하느냐에 따라 작품의 느낌이 많이 달라지기도 합니다. 새 카메라를 사느냐, 저렴한 중고 카메라를 사느냐, 아니면 미디어센터 같은 곳에서 빌리느냐는 여러분의 선택에 달려 있습니다. 이제부터 우리는 카메라를 통해 세상을 보게 됩니다.

✦ 시선, 시점, 본다, 보는 것······. 이런 단어들은 단순히 눈으로 사물이나 대상을 바라보는 것 이상을 의미합니다.

'눈'을 통해 바라본 것에 대해 뇌는 생각을 합니다. 그것은 다시 입이나 글, 그림을 통해 창조적으로 표현됩니다. 이제부터 여러분은 '카메라'라고 하는 '보는' 기계가 어떻게 사람의 생각을 사각의 프레임에 담아내는지, 그리고 어떤 식으로 화면을 구성하게 되는지 공부하게 됩니다.

스마트폰으로 촬영한 필자의 개, 졸리

🔆 여러분 가운데 카메라를 만져보지 못한 사람은 없을 것입니다.

연일 쏟아져 나오는 디지털 카메라, 촬영 어플리케이션이 담긴 스마트폰, 하다못해 구식 휴대폰에도 렌즈가 달려 있으니까요. 주말에 여행을 다니면서 풍경과 인물들을 촬영하기도 하고, 도로공사 작업 후 상관에게 보고하려고 상황을 찍기도 하고, 교통사고가 났을 때 증거를 남기려고 사진을 찍기도 합니다. 알게 모르게, 카메라는 이미 우리의 일상 안에 깊숙이 들어와 있습니다. 카메라는 우리가 기억의 한계를 뛰어넘을 수 있도록 도와주는 동시에 개인에게는 추억을 되살리는 도구가 되기도 하고, 우리가 살고 있는 사회의 역사를 한 페이지 한 페이지씩 그려내기도 합니다.

◯ 카메라를 통해 만들어진 '사진'과 '영화'라는 새로운 예술 형태는 인류에게
    많은 영향을 끼쳤습니다.

날이 갈수록 영상물의 영향력이 증폭되고 있지요. 트렌드를 만들고, 소비를 조장하고, 더 나아가 사고방식에 변화를 주기도 합니다. 어찌 보면 거의 모든 사람들이 영상문화에 물들어 있다고 할 수 있어요. 오죽하면 '미디어 시대'라고 표현할까요? 갖가지 그림, 사진, 사운드로 이루어진 광고, 라디오 또는 텔레비전 프로그램들, 영화와 비디오물, 인터넷 사이트, SNS……. 현대인들은 정말 수도 없이 많은 미디어에 둘러싸여 하루하루를 살아가고 있습니다. 우리는 이 많고 많은 미디어 가운데 '영화'에 집중할 것입니다. 영화라는 예술 안에서 카메라가 어떻게 기능하는지를 '시각'의 측면에서 살펴봅시다.

◐ 코믹, 공포, 스릴러, 멜로, 에로, 다큐멘터리……. 지금 이 시간에도 갖가지
    장르의 영화가 만들어지고 있습니다.

물론 영화를 별로 좋아하지 않는 사람들도 있습니다만, 살아가면서 영화를 한 편도 보지 못한 사람은 거의 없을 것입니다. 볼거리 놀거리가 많아진 세상이지만 영화는 여전히 많은 사람들의 사랑을 받으며 튼튼한 산업을 구축하고 있지요. 사람들은 왜 이렇게 영화를 좋아할까요? 한 세기가 조금 넘는 역사를 가진 영화가 어떻게 인류와 함께해온 수많은 예술 장르들, 이를 테면 미술·음악·연극 등을 제치고 예술의 제왕이 되었을까요?

영화를 예술의 제왕으로 만든 일등 공신은 '이야기'라는 틀과 '카메라'입니다. 사람들은 태어나서 자라고 살아가면서 수많은 이야기들을 듣습니다. 엄마나 할머니의 입에서 흘러나오는 "옛날 옛적에……"로 시작되는 구전 설화(說話)부터 아빠가 읽어주는 동화책 속 이야기, 그리고 어린이집 선생님이나 초등학교 교사가 들려주는 전 세계의 전설과 신화……. 어디 그뿐인가요? 교과서에서 읽게 되는 서사 문학들, 인터넷에 연재되는 소설과 만화 등에 이르기까지 우리가 접하는 이야기의 수는 헤아리기 불가능할 정도로 많습니다. 이 같은 이야기들에는 저마다 특징과 개성이 있지만, 공통점도 갖고 있습니다. 바로 이야기 안에 '인물·배경·사건'을 갖고 있다는 점입니다.

인물·배경·사건. 예, 그렇습니다. 우리가 문학 시간에 배웠던 소설 구성의 3요소입니다.

소설은 전 세계인들이 좋아하는 서사 문학의 대표 장르입니다. 헤밍웨이(Ernest Miller Hemingway, 1899~1961)[23], 톨스토이(Lev Nikolaevich Tolstoy, 1828~1910)[24], 카뮈(Albert Camus, 1913~1960)[25] 등 수많은 작가들이 주옥같은 명작들을 선물하고 떠났습니다. 그들의 작품은 예외 없이 인물·배경·사건을 구성 요소로 하고 있는데, 어떤 작품은 화자(話者)[26]가 1

23, 24

미국의 소설가. 제1차 세계대전 때 종군한 경험을 바탕으로, 현실과 용감하게 싸우고 패배하는 인간의 모습을 간결하고 힘찬 문체로 묘사했다. 1954년에 노벨 문학상을 받았다. 작품에 『노인과 바다』, 『무기여 잘 있거라』, 『누구를 위하여 종은 울리나』 등이 있다.

제정 러시아의 작가·사상가. 귀족 출신이었으나 유한(有閑) 사회의 생활을 부정하였으며, 구도적(求道的) 내면세계를 보여주었다. 작품으로 『유년 시대』, 『안나 카레니나』, 『전쟁과 평화』, 『부활』 등이 있다.

25, 26

프랑스의 소설가·극작가. 평론 『시시포스의 신화』에서 부조리의 철학을 논하여 실존주의를 더욱 심화시켰고, 전후(戰後)의 사상과 문학에 크게 영향을 끼쳤다. 1957년에 노벨 문학상을 받았다. 작품에 『이방인』, 『페스트』 등이 있다.

소설에서 이야기를 이끌어가는 사람.

인칭 관찰자이기도 하고, 또 어떤 작품은 전지적 작가 시점[27]으로 서술되기도 합니다.

영화에서는 이러한 요소들이 어떻게 나타날까요? 구체적으로 살펴보겠습니다. 아래 사진을 보세요. 한 아이가 문을 열고 들어오고 있습니다. 등에는 가방을 메고 있네요. 미소를 머금은 얼굴입니다. 학교에서 수업을 마치고 돌아와 자기 집 문을 열면서 엄마에게 "다녀왔습니다~"라고 인사하기 직전의 모습 같습니다. 이 스틸(still)[28]은 천안에 사는 한 어머님이 자신의 아이와 함께 보낸 소중한 시간을 소재로 만든 사적(私的) 다큐멘터리[29] 작품의 한 장면입니다. 어머니는 아이의 인사를 받고 "응, 어서와~" 하면서 아들을 반갑게 맞이합니다. 어머니의 손에 들린 카메라가 마치 어머니가 아들을 바라보는 듯한 따스한 시선으로 작동하고 있지요? 아들의 미소를 통해 카메라를 든 어머니와 아들의 따뜻한 관계가 드러납니다.

27, 28, 29

작가가 소설 속 인물의 심리나 행동의 이유, 감정 등을 분석하여 서술하는 방법. 작가가 신처럼 등장인물의 내면과 모든 사건의 전후에 대해 손바닥 들여다보듯 알고 있어서 인물들의 생각과 느낌을 마치 자기 생각처럼 말할 수 있다.

영화 필름 가운데 골라낸 한 장면의 사진. 광고나 선전에 쓴다.

사회적이고 공적인 주제를 다루는 다큐멘터리와는 달리 가족·친구 등 개인의 일상에서 찾은 소재를 가지고 이야기를 펼치는 다큐멘터리의 경향을 말한다. 연출자 본인의 내레이션 등 주관적 감정과 시선이 돋보이는 형식을 활용한다. 이러한 형식을 빌려 자신을 둘러싼 사회적 문제에 대한 견해를 밝히는 작품들이 점점 늘어나는 추세이다.

「동네 한바퀴」(심화섭, 2013).
"엄마 다녀왔습니다!" 아들의 하교 인사를 받는 엄마의 시선

영상 언어란 영상의 기본적인 규칙을 말합니다. 우리가 글을 쓰거나 말을 할 때 어법에 맞게 하듯이 영상에도 기본적인 규칙들이 있는데, 영상 언어는 이것들을 정리한 것입니다. 물론 영화를 보거나 만들 때 여기 지나치게 얽매일 필요는 없지만, 알아두면 영화를 더 맛깔스럽게 감상할 수 있거니와 제작할 때 다른 사람과 의사소통하는 데에도 큰 도움이 됩니다.

샷(shot)

여러분, 혹시 방송국이나 대규모 영화 제작사의 촬영 카메라를 본 적이 있어요? 군인들의 총과 매우 유사한 모양을 하고 있는데요. 우선 렌즈가 달린 부분은 총알이 나가는 총구처럼 앞으로 툭 튀어나와 있고, 카메라에 테이프(또는 메모리 카드)를 넣고 배터리를 끼우는 모습은 마치 총에 실탄을 장전하는 것 같습니다. 그래서일까요? 카메라의 녹화 버튼을 눌러서 시작되고 끝나는 일정 시간의 영상을 우리는 샷(shot)이라고 부릅니다. 이것을 편집 개념으로 말할 때는 컷(cut)이라고 부르죠. 컷은 문법으로 치자면 단어라고 할 수 있습니다.

촬영의 최소 단위인 '샷'은 크게 세 가지로 나눠서 '풀 샷, 미디엄 샷, 클로즈 업'으로 구분합니다. 이 세 가지 용어는 화면 안에 등장하는 인물이 어떻게 보이느냐에 따라 다르게 이름을 붙인 것들이지요.

화면 속에 있는 인물의 전신이 드러나는 장면을 말합니다. 인물이 서 있는 공간을 강조할 때, 인물과 그 공간의 관계가 중요할 때 이러한 샷을 선택하지요. 보통 어떤 인물(들)이 새로운 공간에서 새로운 이야기를 시작할 때 맨 처음 나옵니다. 어떤 공간에 있는 사람들과 사물들의 위치, 그리고 그들이 만드는 전체적인 분위기를 보여주는데요, 그러면서 각각의 인물들 혹은 외롭게 홀로 있는 인물의 눈이 바라보고 있는 방향·위치 등을 지정해주는 '설정 샷'이라고 할 수 있습니다.

「늑대와 춤을Dances with Wolves」(케빈 코스트너 주연 및 감독, 1990)30

30 1990년 미국에서 제작된 서사영화. 남북전쟁과 서부개척시대를 배경으로, 미 육군 중위인 존 던바가 파견 근무지인 서부에서 라코타 족과 접촉하여 결국 그 일원이 되는 과정을 그리고 있다. 1990년도 아카데미 영화상의 7개 부문을 휩쓸었고, 골든글로브 작품상 드라마 부문을 수상했다. 미국 개봉영화로는 이례적으로 극 중 라코타어 대사에 영어 자막을 넣어 제작되었다.

위 사진은 「늑대와 춤을」의 한 장면입니다. 여러 명의 인디언들이 서양인 '존 던바'를 쳐다보고 있어요. 홀로 지키는 요새를 방문한 인디언 친구들에게 존이 커피를 갈아주고 있습니다. 여기서 중요한 행위는 맨 오른쪽 존 던바가 커피 기계를 손으로 돌리고 있는 것입니다. 모든 등장인물의 눈이 그것을 바라보고 있군요. 서 있는 인디언들의 머리부터 발까지 전부 드러나면서 인디언들이 무엇을 입고 발에 무엇을 신고 생활했는지, 머리 모양은 어떠했는지 등을 알 수도 있지요? 이렇게 영화 안에는 인류의 사라져간 의식주 문화들이 도장 자국처럼 남아 있습니다.

「나의 아버지」(김희철, 2001)

필자의 첫 번째 작품인 「나의 아버지」의 한 장면입니다. 필자의 어머니를 소개할 때 넣었던 흑백 사진이지요. 보통 우리가 어디 멋진 곳에 놀러가서 그 공간에 있었다는 걸 남기고 싶을 때 이런 구도의 사진을 찍지요? 사진에는 어머니의 머리부터 발끝까지 전신이 나옵니다. 어머니가 어떤 옷을 입고 있는지 전체적으로 알 수 있고, 또한 촬영되고 있는 현재 주변의 상황은 어떤지, 배경이 되는 건물 모양은 어떤 형태인지, 날씨가 어떤지도 짐작할 수 있습니다.

「나의 아버지」 중 아버지의 뒷모습

「나의 아버지」를 만들면서 필자는 아버지가 할아버지 묘소가 있는 산길을 걷는 장면을 풀 샷 동영상으로 촬영했습니다. 비록 뒤에서 찍긴 했지만 평상시의 작업복 차림이 아니라 오랜만에 양복을 빼입은 아버지의 풍채와 당당한 걸음걸이가 잘 나타납니다. 저 좁다란 길처

럼 앞으로 남은 생을 뚜벅뚜벅 걸어가고 있는 아버지의 모습이 묘한
여운을 주는 것 같습니다.

_ **미디엄 샷**(medium shot)

「아버지의 이름으로In The Name Of The Father」(짐 셰리단, 1993)[31]
아버지 "존경심을 가져라." / 아들 "누굴 존경해요?" / 아버지 "네 자신!"

반항심 많은 아들은 초라해 보이는, 어쩌면 자신의 미래 모습이 될지
도 모르는 아버지와 눈도 마주치기 싫어합니다. 아버지는 이런 아들
에게 다그치지요.
"너 자신을 존경하라"고.

[31] 「나의 왼발」의 짐 셰리단 감독과 주연 배우 다니엘 데이 루이스가 다시 뭉친 작품. 1975년 실제 발생했던 이른바 '제리 콘론 사건'(아일랜드의 한 청년이 무고하게 IRA 소행인 폭탄 테러 혐의로 입건되어 징역 15년을 살다 무죄를 선고 받은 사건)을 영화화한 것이다. 44회 베를린 국제 영화제 금곰상을 수상했다.

화면 속 인물의 전신이 아니라 허리에서부터 머리까지 보여주는 화면을 '미디엄 샷'이라고 부릅니다. 대결을 하는 두 사람 중 하나가 다른 한 명에게 총을 겨눈다든지, 떠나는 사람을 배웅하면서 손을 흔든다든지 하는 것처럼 인물의 손이나 상반신으로 표현되는 행동이 중요할 때 주로 활용합니다. 또 인물들이 주고받는 대화가 균등하게 중요할 때, 혹은 두 친구의 우정 어린 대화나 사랑하는 연인의 포옹을 담아낼 때에도 미디엄 샷이 흔히 쓰입니다. 인물들의 관계를 가장 잘 나타낼 수 있는 장면이라고 생각합니다.

「진실의 문」(김희철, 2004)

필자의 두 번째 작품인 「진실의 문」에서는 인터뷰 화면을 많이 활용했습니다. 위 화면에서 이덕우 변호사 님이 소품인 모형 권총을 들고 김훈 중위의 격발 자세에 관련된 내용을 말하고 있는데요, 이 행위와 총의 각도가 중요하기 때문에 그것을 가장 잘 보여줄 수 있는 미디엄 샷을 선택했습니다.

「무죄」 중 허현, 박미심 부부의 대화 장면

「무죄」에서도 인터뷰 촬영을 많이 시도했지만 허현, 박미심 부부를 촬영할 때에는 두 분을 함께 앉게 한 후 서로에게 한마디씩 하도록 연출했습니다. 남편 허현 님께서 함께 보내온 지나간 세월에 대해 미안하고 고마운 마음을 표시하며 아내의 등을 두드리려고 하자 박미심 님께서 쑥스러운 듯 살짝 몸을 피하고 있습니다. 이렇게 두 사람을 함께 촬영하는 미디엄 샷에는 인물들의 관계가 잘 표현됩니다.

사랑하는 연인을 남겨두고 죽음을 맞게 된 '샘'. 「사랑과 영혼Ghost」은 하루아침에 귀신이 되어버린 주인공 샘이 저승으로 떠나지 못하고 위험에 처한 연인을 구하는 과정을 그린 영화입니다. 인간은 죽은 사람의 영혼을 볼 수 없지만, 영험한 동물인 고양이는 떠돌아다니는 영혼을 볼 수 있다는 속설이 있지요? 이 영화에는 바로 그런 속설을 보여주는 장면이 나옵니다. 샘은 고양이가 자신의 모습을 볼 수 있다는 것을 깨닫고 고양이와 눈을 마주치며 겁을 줍니다. 이때 고양이의 두 눈이 화면 가득 아주 가까이 보이는데요, 이런 화면을 '클로즈 업'이라고 합니다.

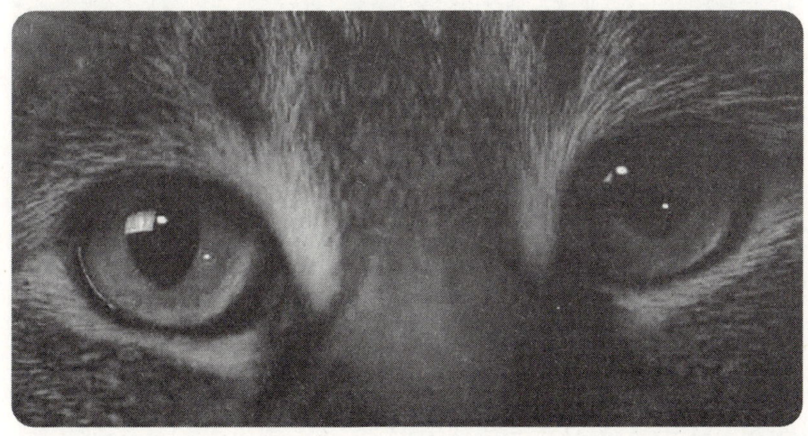

「사랑과 영혼Ghost」(제리 주커, 1990)

영화를 보는 관객들에게 작가의 의도를 가장 효과적으로 보여주는 장치가 바로 클로즈업입니다. 단어의 의미 그대로 가까이 다가간 촬영으로 얻는 샷이지요. 보통, 인물이 현재 어떤 감정을 느끼고 있는지를 관객에게 자세히 보여주고 싶을 때 그 사람의 얼굴을 클로즈업해서 촬영하는 경우가 많지만, 인물의 특정 신체 부위(손, 발, 배꼽……)나 사물들을 아주 가까이서 보는 듯한 장면도 이에 해당합니다. 클로즈업의 활용이야말로 다음에 이야기할 시점 샷과 더불어 영화가 연극과 많이 다른 느낌으로 전달되게 하는 요소이지요. 카메라가 확대경이 된 것처럼 작가가 관객들에게 보여주고자 하는 것을 직접적으로 전달하기 때문에 관객은 여러 가지 시각적 단서들을 포착하면서 작품 속 이야기를 쉽게 흡입하고 작가가 말하고자 하는 맥락을 정확하게 짚어낼 수 있습니다.

공권력의 어처구니없는 폭력성을 상징한 의사봉(좌)과 망치자루(우) 클로즈업 화면

필자의 세 번째 작품 「무죄」에서는 주인공 박동운 님이 겪은 억울하고 엄청난 고통의 시간 가운데 일부를 재연 촬영으로 표현했습니다. 위의 사진은 그에게 사형 선고를 내린 사법부의 재판봉을 클로즈업으로 촬영한 것입니다. 판결 후 의사봉(議事棒)을 땅! 땅! 땅! 세 번두들길 때 그 마지막을 국가기관이 박동운 일가를 간첩단으로 조작

106

할 때 증거로 내세운 망치자루로 바꿔 보여줌으로써 공권력의 폭력성
을 상징하려고 했습니다.

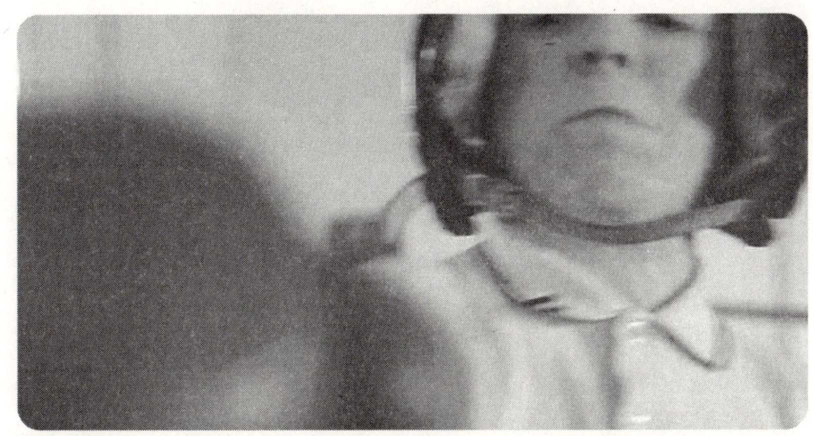

「빌리 엘리어트Billy Elliot」(스티븐 달드리, 2000)

발레리노가 되고 싶어 하는 한 소년의 이야기를 다룬 「빌리 엘리어
트」. 아버지는 아들이 남자답고 강하게 성장하기를 바랍니다. 사각의
링 위에서 빌리는 상대편 꼬마의 주먹을 요리조리 피하면서 이를 지
켜보는 아버지에게 신경을 쓰느라 그만 한 방 제대로 맞아 쓰러집니
다. 이때 카메라는 빌리, 빌리의 아버지, 상대방 복서의 눈을 왔다 갔
다 하면서 이 상황을 담아냅니다. 위의 스틸 컷은 카메라가 빌리의 눈
이 된 상태이지요. 짐작하겠지만, 다음 컷은 KO 당한 빌리의 기진맥
진한 모습이 나오겠지요.

「동네 한바퀴」(심화섭, 2013).
아들과 함께 산책을 나서는 엄마가 오른손으로 촬영한 아들과 본인의 다리.
이 장면을 통해 감독(엄마)은 아들과 함께 경쾌한 걸음걸이로 기쁘게 산책하는
본인의 마음을 관객에게 그대로 전달할 수 있었다.

'시점 샷'이란 말 그대로 등장인물의 시점으로 촬영한 샷을 말합니다. 이 책의 맨 앞부분에서 말한 것처럼(24~29쪽 참조) 카메라가 인물의 눈이 되는 것입니다. 앞에서 설명한 풀 샷, 미디엄 샷, 클로즈업이 화면 속 인물의 사이즈에 따른 구분이라면, 시점 샷은 사이즈와는 상관이 없습니다. 시점 샷을 통해서 관객은 작품 속 주요 인물의 직관적인 생각이나 느낌을 함께 체험할 수 있습니다. 인물이 느끼는 낯섦·설렘·행복·사랑의 감정·두려움·처절함 등에 자신의 감정을 이입하면서 영화 속 이야기의 흐름에 몰입할 수 있게 되는 것이죠.

바로 이것이 카메라가 등장인물의 눈이 된다는 뜻입니다. 이런 입체적인 대리만족을 비교적 저렴하게 경험할 수 있기 때문에 영화가 유구한 역사를 가진 다른 예술장르를 제치고 전 세계인의 마음을 사로잡

은 것이 아닐까요? 킬링 타임용이나 휴가용 영화도 매년 쏟아져 나오지만, 시간이 흘러도 살아남은 주옥같은 명작 영화들은 우리의 가슴에 남습니다. 그것을 보면서 사람들은 자기 자신을 되돌아보기도 하고, 타인의 마음을 그의 입장에서 이해하기도 합니다.

이 밖에도 극단적으로 클로즈업해서 촬영한 '익스트림 클로즈 업(extreme close up)', 반대로 인물이나 사물보다는 공간(건물, 황량한 지평선, 끝없는 수평선……)을 엄청난 스케일로 보여주는 '익스트림 풀샷(extreme full shot)'이 있습니다. 하지만 이러한 용어나 구분이 중요한 것은 아닙니다. 그보다 더 중요한 것은 이러한 장면들을 활용해서 어떠한 의미를 담아낼 것인가 하는 점입니다. 즉 작가의 의도가 가장 중요하다는 뜻이지요. 여러분도 알고 있지요?

_ 핸드 헬드(hand held)

'들고 찍기' 기법이라고 불리는 이 촬영 방법은 말 그대로 카메라를 손에 들고 촬영하는 방법입니다. 전쟁영화의 전투 신(scene)에서처럼 포탄이 날아다니는 상황을 안정감 있는 고정된 화면으로 보여준다면 현장의 긴박감이나 생생함이 덜 느껴질 것입니다. 이럴 때 감독은 촬영감독에게 핸드 헬드 촬영기법을 요청합니다.

「워 게임The War Game」(피터 왓킨스, 1965)

영국의 피터 왓킨스 감독이 연출한 「워 게임」은 핵폭발이 일어났을 때의 가상 상황을 현실감 있게 재연한 페이크 다큐멘터리(fake documentary)[32]입니다. 폭발로 인한 진동, 휘몰아치는 강풍, 무너지는 건물들 속에서 이리저리 도망치는 사람들의 모습이 핸드 헬드 기법으로 촬영되어 관객 자신이 마치 그 현장에 있는 듯한 착각과 공포심에 휩싸이게 만들지요.

32 다큐멘터리적인 형식을 차용하여 마치 작품 속 내용이 실제인 것처럼 관객들을 속이는 장르로서 조롱하다(mock)라는 의미로 모큐멘터리(mockumentary)라고도 불린다. 인공조명 없이 소형 카메라의 핸드 헬드 촬영으로 제작된 공포 스릴러 「블레어 위치」가 대표적인 영화이다. 다큐멘터리가 반드시 진실을 담아내야 한다는 고정관념을 전복적으로 깨뜨리고 있다.

하지만 작품에서 핸드 헬드 장면이 지나치게 자주 사용되면 관객들은 멀미하는 것처럼 어질어질해지면서 구역질이 날 수도 있을 것입니다. 핸드 헬드 기법이 꼭 필요할 때에는 당연히 써야겠지만, 촬영의 기본은 삼각대를 활용한 안정적인 촬영임을 잊지 맙시다. 삼각대의 고정된 세 개 다리는 카메라의 흔들림을 방지해주고, 삼각대 머리 부분의 회전축은 사람의 목처럼 기능하여 카메라의 방향을 좌우상하로 천천히 또는 빠르게 바꾸어줍니다.

카메라와 삼각대의 기능과 효과들을 잘 활용한다면, 사람의 눈이 되는 카메라가 단순한 응시가 아니라 숨 가쁘게 달려간다든지(핸드 헬드), 높은 건물을 보기 위해 고개를 젖힌다든지(틸팅)[33] 하는 것처럼 인물의 움직임과 연결된 시선을 적확하게 표현할 방법을 찾아낼 수 있을 겁니다. 그렇게 잘 연출된 촬영본은 등장인물의 상황을 제3자적 시선으로 밋밋하게 바라보는 것보다 훨씬 더 입체적으로 묘사할 수 있습니다.

[33] tilting. 카메라의 방향을 아래에서 위로, 또는 그 반대로 움직이게 하는 촬영기법.

_ 인터뷰(interview)

다큐멘터리에서 아주 흔하게 쓰이는 촬영이 바로 '인터뷰'입니다. 다큐멘터리 영화뿐만 아니라 우리가 매일 접하는 뉴스나 주말 버라이어티 프로그램에서도 전문가, 연예인, 또는 유명인사의 인터뷰 화면이 많이 보입니다. 이 인터뷰 화면을 '말하는 머리'라는 뜻의 '토킹 헤드(talking head)'라고 부르기도 하는데요, 사실 카메라 앞에 선다고 해서 아무나 말을 잘 하는 것은 아닙니다. 인터뷰를 하려면 그 작품(또는 프로그램) 내용을 가장 효과적으로 전달해줄 수 있는 사람을 찾아야 하고, 그 다음에는 그에게 물어볼 질문지를 제대로 준비해야 합니다. 아무리 전문가라고 할지라도 적절한 질문이 없다면 자신의 지식을 쉽게 꺼내지 못할 것입니다. 그러므로 인터뷰 대상의 답변을 모두 예상할 수 있을 정도의 세심한 준비가 필요합니다.

다큐멘터리 영화 「진실의 문」의 인터뷰 장면

인터뷰 대상을 바라보는 카메라는 관객의 시선이자 감독의 눈입니다. 인터뷰 대상과 질문하는 감독의 대화는 결국 인터뷰 대상과 관객과의 대화가 되지요. 감독은 관객을 대신하여 인터뷰 대상에게 묻고 싶은 것을 질문하고, 역으로 감독이 듣고 싶은 말이나 관객들에게 전달하고 싶어 하는 내용을 제3자의 인터뷰라는 객관적인 형식을 통해 간접적으로 전달합니다.

기술적인 이야기를 좀 더 덧붙일게요. 인터뷰 대상의 배경도 관객들에게 중요한 영향을 미칩니다. 배경이 너무 산만하면 인터뷰 내용에 관객들이 집중하지 못하거든요. 그러므로 배경은 최대한 단순화시키는 것이 좋습니다. 전문가들의 경우 해당 관련 서적이 꽂혀 있는 책장을 보이게 하는 화면이 많은데요, 예능 다큐에서 활용하는 것처럼 블루스크린을 배경으로 인터뷰 촬영을 하는 것도 재미있는 시도가 될 수 있습니다. 촬영 후 편집 단계에서 블루스크린 부분에 원하는 이미지들을 채워 넣어 인터뷰 대상이 마치 가상의 공간에서 말하는 것처럼 보이게 할 수 있으니까요.

_ 롱 테이크(long take)

여러분 가운데 혹시 눈을 깜박거리지 않는 사람이 있나요? 그렇다면 그 사람의 눈은 카메라로 칠 때 '롱 테이크' 기법을 구사한다고 볼 수 있겠네요. 롱 테이크란 '길게(long)', '걸린다(take)'라는 문자 그대로의 의미입니다. 즉 녹화 시간이 아주 긴 촬영기법을 말합니다. 카메라의 녹화 버튼을 누르고 나서 인물이나 배경을 아주 긴 시간 동안 보여주는 것인데요, 주로 한 공간 안에 있는 여러 사람들의 행동이나 대사들을 끊어짐 없이 담을 때 사용됩니다. 보통 몇 초에 불과한 컷들이 모여 하나의 상황을 몇 분 동안 보여주지만, 연출자가 특정 장면을 롱 테이크 기법으로 보여주기로 마음먹었다면 컷 하나가 몇 분이 될 수도 있습니다.

그렇다면 이 롱 테이크 촬영을 할 때 제작진 중 누가 제일 일을 잘해야 할까요? 촬영감독일까요, 카메라에 담기는 배우일까요, 지시하는 감독일까요? 아니면 배경을 꼼꼼히 만드는 미술감독일까요, 배우들의 옷과 분장을 책임지는 코디네이터일까요? 답은 '모두 다'입니다. 여러 스텝들 중 단 한 사람이라도 실수를 범한다면 롱 테이크 촬영은 처음부터 다시 해야 합니다. 아무리 멋진 장면이라도 NG가 한두 번도 아니고 수십 번 반복된다면 서로에게 짜증이 나서 결국 촬영 현장의 분위기는 삭막해지겠지요?

영화를 만드는 작업 자체가 그렇습니다. 영화는 혼자 만드는 게 아니거든요. 서로 다른 사람들이 모여 같은 꿈을 꾸면서, 그 꿈을 스크린에 옮기는 작업이 영화입니다. 그러므로 영화 작업에서는 무엇보다 의사소통 능력이 중요합니다. 또 타인의 의견을 존중하고 배려하는 마음을 갖추는 게 절대적이지요. 총대를 멘 감독은 영화를 함께 만드는 제작진들이 자신의 연출 방향을 잘 이해하고 저마다의 장점을 마음껏 발휘해서 그것들이 조화를 이룰 수 있도록 지휘해야 합니다. 훌륭한 감독의 권위나 카리스마는 그렇게 만들어집니다.

촬영할 때 알아두면 좋은 것들

여러분, '사운드트랙(sound track)'이라는 단어를 들어보았지요?
사운드트랙은 영화에 삽입되는 모든 소리를 통칭하는 말입니다. 여러분이 좋아하는 OST(original sound track)를 비롯한 여러 가지 효과음이나 배우들의 목소리도 포함되지요. 실제로 우리는 배우의 대사가 들리지 않거나 배경음악마저 없는 영화, 모든 소리가 제거된 영화를 상상할 수 없어요. 무성 영화 시대에도 배경음악은 있었거든요.

극영화이든 다큐멘터리 영화이든 '소리(sound)'는 영상만큼 중요한 요소입니다.
영화의 소리는 요리할 때 음식의 맛을 살려주는 기본양념이기도 하고, 그림책에 있는 활자(活字)이기도 합니다. 원재료의 느낌을 풍부하게 해주는 마법 같은 기능을 가진 것이지요. 무서운 공포영화도 소리를 죽인 채 감상하면 조금도 거리낄 게 없습니다. 다만 소리에 익숙해진 우리 신체기관이 '어, 곧 엄청난 비명이 울릴 텐데!' 하고 미리 겁을 집어먹을 따름이지요. 소리를 상상하면서요!

◯ 우리가 앞에서 살펴본 내용들은 모두 화면에 관한 것이었어요.

클로즈 업, 미디엄 샷, 풀 샷, 인터뷰, 롱 테이크……. 모두 프레임 안에 인물이나 배경을 어떤 식으로 촬영할 것인지에 대한 논의였습니다. 한마디로 '보는 것'에 대한 공부였지요. 이번에는 소리, 즉 '듣는 것'에 대해 알아보겠습니다. 영화의 완성을 위해 한 발자국 더! 나가봅시다.

_ 마이크의 사용

상업 영화, 광고 등 전문적인 촬영이 이루어질 때에는 '붐 마이크(boom microphone)' 같은 사운드 장비가 동원됩니다. 붐 마이크는 긴 장대 끝에 마이크가 달린 형태인데요, 야외 녹음 시에는 강아지처럼 털이 북실북실한 겉옷을 입히기도 하지요. 카메라는 온전히 이미지들을 기록하는 데 집중하고, 소리는 마이크가 담당하는 것이 원칙입니다. 그런데 다큐멘터리 촬영처럼 상황을 예측할 수 없는 경우에는 전문 담당자가 필요한 붐 마이크를 사용하기가 어렵습니다. 촬영하는 인원이 늘어날수록 (찍히는) 인물들이 카메라를 더 의식할 수 있기 때문입니다. 그래서 다큐멘터리 촬영 시에는 카메라에 부착된 마이크나 내장 마이크를 사용합니다.

와이어리스 마이크(wireless microphone)도 많이 쓰입니다. 와이어리스 마이크는 인터뷰 촬영 시에 흔하게 사용되는데요, 인물의 목소리를 그 사람의 가슴 위치에 부착된 작은 마이크를 통해 잡아내서 무선으로 카메라에 입력시켜주는 장치이지요. 무선인 대신 기계에 배터리가 들

116

어가 있기 때문에 항상 배터리 양을 체크해야 합니다. 촬영 도중 배
터리가 아웃된다면 작업이 낭패로 돌아가니까요.

붐 마이크(좌) 와이어리스 마이크(우)

카메라에 부착되었거나 내장된 마이크를 사용할 때에는 항상 소리가
나는 위치와 방향을 생각하면서 촬영해야 합니다. 일단 카메라와 음
원이 떨어져 있을수록 그 사이에 존재하는 잡음이 카메라에 들어갈
가능성이 커집니다. 만약 중요한 내용이나 소리, 음악을 일정한 톤으
로 담아야 한다면 카메라의 방향을 고정시켜 오직 소리의 녹음에 집
중해야 합니다. 이미지를 따라서 카메라를 이리로 저리로 흔들다 보
면 녹음된 소리의 음량이 들쭉날쭉해지기 때문입니다.

또한 카메라는 사람의 귀처럼 선택적으로 듣지 못하고 공간의 모든 소
리를 있는 그대로 받아들이기 때문에 밖에서 들리는 잡음이 심한 경
우 창문을 닫거나 컴퓨터, 에어컨, 냉장고 등의 가전제품을 촬영하는

117

동안만이라도 잠시 꺼둔다면 보다 깔끔한 소리를 기록할 수 있습니다.

_룸 톤과 무음

우리가 촬영할 때 주의해서 채취해야 할 소리가 있는데요, 바로 촬영 공간이 갖고 있는 고유의 사운드입니다. 지금 여러분이 있는 곳은 어디인가요? 여러분이 아무리 조용하게 침묵을 유지한다 해도 분명 그 공간만이 갖고 있는 소리가 있게 마련입니다. 째깍째깍 돌아가는 시계의 초침 소리, 냉장고 돌아가는 윙 소리, 멀리서 들려오는 자동차 지나다니는 소리, 컴퓨터 소리, 윗집에서 쿵쿵 거리는 소리 등 우리 주변은 온통 소리로 가득 차 있습니다. 미세한 소리들이 발생시키는 파장들이 공간의 면을 때리면서 소리를 만들어내고 마침내 우리 귀 속으로 들어오는 것이지요.

이러한 공간음을 '룸 톤(room tone)'이라고 합니다. 룸 톤을 단 몇 초 정도라도 꼼꼼하게 따두면 나중에 작품을 편집할 때 요긴하게 써먹을 수 있습니다. 편집 작업을 하다 보면 화면과 화면을 이어줄 때 소리가 튀어서 부자연스러운 경우가 발생하곤 합니다. 이때 룸 톤을 활용하면 그처럼 튀는 현상을 어느 정도 막아줄 수 있습니다.

영화 속에서 가장 강력한 효과를 내는 소리는 어떤 것일까요? 화려한 음악일까요? 현란한 음향효과들일까요? 다양한 의견이 있을 수 있겠지만, 많은 사운드 전문가들이 말하기를 무음, 즉 '아무 소리도 없는 장면'에서 가장 긴장감이 흐른다고 합니다.

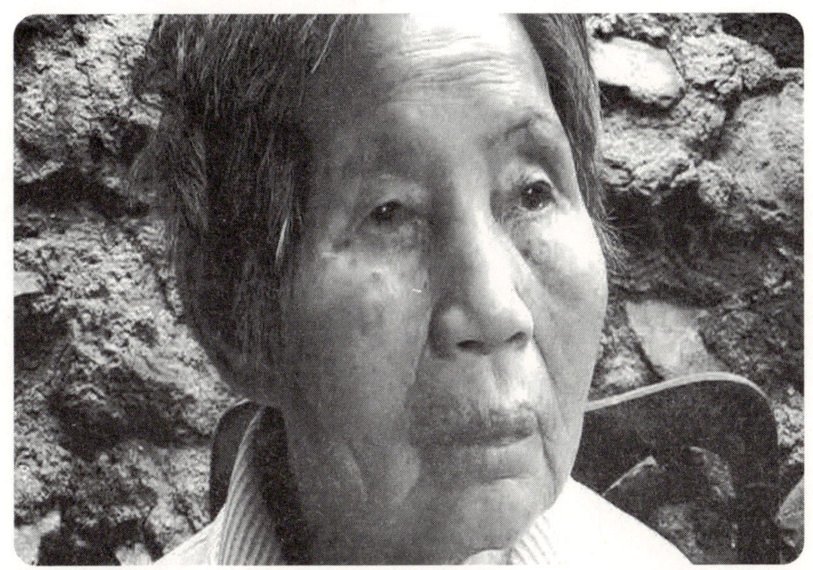

다큐멘터리 영화 「무죄」(김희철, 2007)

필자는 다큐멘터리 영화 「무죄」를 촬영할 때 여러 사람의 인터뷰를 진행했습니다. 그런데 매우 특이한 상황의 인터뷰가 있었어요. 주인공 박동운 님의 어머니인 이수례 할머님을 인터뷰할 때였지요. 할머님은 카메라 앞에 앉아 계시긴 했지만 별로 말씀이 없었습니다. 억지로 말을 하시게 하는 것도 예의가 아니다 싶었어요. 그래서 필자는 할머님이 조용하게 계시는 무표정한 얼굴을 클로즈업으로 카메라에 담았습니다. 단 몇 초에 불과한 장면이었어요. 하지만, 이 짧은 시간의 무음 인터뷰는 다른 분들의 호소만큼이나 인상적이었습니다. 할머님이 살아온 인생을 압축적으로 보여주는 것 같았지요.

대상을 촬영할 때 어떤 컷을 사용할까 고민하는 것처럼 사운드를 사용할 때도 고민이 필요합니다. 이것은 단지 어떤 마이크를 사용할까, 어떤 배경음을 사용할까의 문제만은 아닙니다. 연출가(작가)의 의도를 가장 충실하게 드러낼 수 있도록 화면을 구성하는 것처럼, 적재적소에 알맞은 사운드를 사용함으로써 효과를 증폭시킬 수 있도록 연구해야겠지요?

가장 좋은 촬영 장비란 어떤 것일까?

다큐멘터리를 촬영할 때 어떤 카메라를 써야할지 고민하는 분들을 종종 만날 수 있습니다. 그런 분들에게 필자는 이렇게 말씀드립니다. "특정한 카메라가 좋은 게 아닙니다. 카메라 브랜드나 기종에 현혹되지 말고 자신에게 맞는 카메라를 찾아보세요."
다만, 한 가지 유념할 게 있습니다. 다큐멘터리 장르의 특성상 실제 인물을 만나서 촬영하고 이동하는 일이 많기 때문에 가급적이면 무겁고 큰 카메라보다 작고 실용적인 카메라를 선택하는 것이 여러 모로 낫다는 것이지요. 예를 들어 인터뷰를 하게 될 경우 크고 요란한 촬영 장비를 사용하면 말하는 사람이 카메라에 대한 부담 때문에 진솔한 이야기를 꺼내기 어려울 수도 있습니다. 기계에 겁을 먹고 도리어 입을 다물어버릴 수도 있거든요.
물론 작품 중간 중간에 넣고 싶은 웅장하고 멋있는 장면을 촬영할 때는 최고급 사양의 촬영 장비를 사용하는 것이 좋을 테지요. 이때에도 주로 사용하는 카메라의 촬영본과 편집 단계에서 호환이 잘 되는지, 또 색감의 차이가 너무 심하지 않은지 등등을 꼼꼼하게 확인한 후 필요한 촬영 시기에만 활용하는 것이 좋습니다. 이렇게 하는 것이 훨씬 경제적이기도 합니다.
예전에는 6mm 디지털 테이프가 카메라 속에 쏙 들어가는 카메라, 즉 약간 아날로그스러운 카메라들이 다큐멘터리 촬영 현장을 누볐다면, 요즘은 거의 모든 카메라들이 파일 형식으로 촬영본을 만들어서 디지털 신호로 컴퓨터에 전달되는 디지털 카메라 전성시대가 되었습니다.

한편, 스틸 카메라로 각광받았던 DSLR 카메라가 동영상 기능을 강화시키면서 보다 나은 화질을 원하는 다큐 작가들이 이 기종으로 촬영하는 경우도 많이 볼 수 있습니다. 또한 스마트폰 카메라도 HD급의 화질이 나올 정도로 워낙 발전했기 때문에 스마트폰만으로 촬영한 작품이 나오기도 합니다.

스마트폰만으로 영화나 다큐멘터리를 만드는 것은 아직까지 여러 가지 한계가 있습니다. 카메라가 너무 작기 때문에 발생하는 흔들림을 없애기 위해 다른 장치들을 사용해야 하고,[34] 무엇보다 편집 어플리케이션이 단순해서 정교한 자막 작업 등은 반드시 컴퓨터를 활용해야 합니다.

어떠한 촬영 장비를 쓰느냐는 작품의 질을 결정하는 매우 중요한 요소입니다. 하지만 그 장비로 어떠한 이야기를 담아서 풀어낼 것인지는 뒷전으로 한 채 오직 성능 좋은 카메라만 고집하는 것은 주객이 전도된 생각입니다. 이런 생각을 하면서 좋은 작품을 만들기란 쉬운 일이 아닙니다. 통장 잔고도 위태로워질 게 틀림없고요. 여러분은 장비 욕심 대신 작품 욕심을 먼저 내어보기 바랍니다.

34 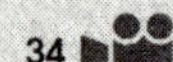

스마트폰 촬영의 흔들림을 줄여주기 위한 장치들이 시중에 판매되고 있기도 하지만, 무게감 있는 물건에 스마트폰을 테이프 등으로 붙여서 촬영하는 것만으로도 흔들림을 많이 줄일 수 있다.

편집이라는 마술 : 시간의 조각 모음, 다큐멘터리

🔅 초기 영화에서 오늘날의 영화로 진화하는 데 결정적인 역할을 한 것은 무엇일까요?

카메라일까요, 음악일까요, 배우일까요? 어느 것 하나 중요하지 않은 건 없습니다. 그러나 영화를 진화시킨 장본인은 바로 '편집(編輯)' 기술입니다. 1903년, 비행기를 발명한 라이트 형제(Wilbur Wright, 1867~1912, Orville Wright, 1871~1948)가 인류 최초로 쇳덩이처럼 무거운 구조물을 몰고 창공을 날고 있었을 때, 영화는 '편집'이라는 날개를 달고 본격적으로 진화하기 시작합니다. 여러분이 발명왕이라고 알고 있는 에디슨 역시 뤼미에르와 거의 비슷한 시기에 영화 관련 사업을 벌였다고 이야기했죠? 그의 조수였던 '포터'를 비롯한 많은 영화 제작자들은 편집을 통해 자신들의 아이디어를 스크린에 써나갔습니다.

🔅 편집은 기본적으로 '시간이라는 도망자를 가지고 노는 일'입니다.

1895년, 뤼미에르 형제의 영화에서 공사장 인부들이 벽을 무너뜨린 후에 다시 그 벽을 되돌려 세우는 장면이나, 「벤자민 버튼의 시간은 거꾸로 간다The Curious Case of Benjamin Button」(데이빗 핀처, 2009)에

서 전쟁터에 징용된 아들이 총에 맞아 전사했다가 다시 살아서 고향
으로 돌아오는 장면처럼 영화 속에서의 시간은 거꾸로 흐르기도 합
니다. 또 「매트릭스The Matrix」(워쇼스키 형제, 1999)나 「터미네이터The
Terminator」(제임스 카메론, 1984)의 총격 신에서 보듯 총알이 지나가는
(또는 발사되려고 하는 그 아슬아슬한) 순간을 현미경으로 보는 것처럼 확
대해서 볼 수도 있습니다.

1895년 뤼미에르의 영화, 건물 철거 현장 풍경

○ 현대인들은 방송망, 통신망을 비롯한 각종 네트워크에 갇혀 살아갑니다.
등굣길이나 출근길 버스에서든, 하교한 다음이나 퇴근 후 집에서든
우리는 매일매일 수십 개 타임라인의 플레이 버튼을 눌러서 자기 일
생의 몇 분, 몇 시간을 기꺼이 바치면서 살아갑니다. 그렇기에 영상을

124

만드는 행위는 어쩌면 타인의 일생을 조금씩 갉아 먹는 일인지도 모르겠어요. 영상을 만드는 사람의 입장에서는 편집이라는 반복 행위에 빠져서 자신의 일생이 쥐도 새도 모르게 훅 달아날 수 있으니 특별히 주의해야겠고요.

🔆 이제부터 우리는 영화의 편집 과정에 대해 조금 더 살펴볼 것입니다. 이 책에서는 편집의 기술이나 프로그램에 집중하지 않습니다. 그보다는 편집의 창조성에 강조점을 두어 이 같은 행위로 만들어낼 수 있는 영화적 의미에 집중해볼 생각입니다.

_ 1초를 구성하는 연속된 사진들

촬영을 하고 나서 그 영상 파일을 편집 프로그램의 타임라인 창[35]에 올려놓으면 그 시간을 1초 단위로까지 확대해볼 수 있습니다. 1초 안에는 30여 장의 사진이 연속적으로 들어갑니다. 정확히 말하자면 영화에서는 24장, 방송은 29.97……장입니다. 만약 이 사진의 장수가 이것보다 모자라게 된다면 어떤 현상이 일어날까요? 초창기 영화나 애니메이션에서 인물의 움직임이 뚝뚝 끊기는 것처럼 보이는 것은 바로 이 초당 장수가 모자라기 때문입니다. 사람의 눈에 움직임이 자연스럽게 보이기 위해서는 최소한 24~30장의 사진이 필요합니다.

대부분의 편집 프로그램은 타임라인 창, 모니터 창, 재료 창, 효과 창으로 구성된다. 재료 창에 촬영소스를 불러놓고 그것을 타임라인에 순서에 맞게 배치하고 여러 가지 효과를 집어넣은 후 그 결과를 모니터 창으로 확인하는 것이 편집 작업의 기본 과정이다.

촬영감독이 빨간 레코드 버튼을 누른 후 10초 동안 카메라에 무언가를 기록합니다. 10초 후 그가 다시 버튼을 눌러 촬영을 멈춥니다. 자, 그러면 그의 카메라에는 30장 곱하기 10초, 즉 300여 장의 연속된 사진과 10초 동안 마이크에 들어온 소리가 함께 저장될 것입니다. 그리고 이것이 하나의 컷이 되어 타임라인 상에 사운드와 이미지 형태로 보이게 됩니다.[36] 촬영으로 기록한 하나의 샷(shot)을 우리는 이제 비로소 하나의 컷(cut)이라고 부를 수 있습니다.

_ 편집 기술의 탄생

1895년 뤼미에르가 공사장에서 촬영한 인부들의 작업 장면을 이용, 무너진 벽을 다시 세움으로써 시간을 되돌리는 것을 보여준 것은 정말 우연한 발견이었습니다. 필름이 들어 있는 시네마토그래프의 영사 방향을 반대로 했다가 발견한 것이었지요. 필름이 거꾸로 돌아가면서 당연히 그 안에 담긴 시간도 거꾸로 흐르게 된 경우입니다.

본격적으로 편집을 시작한 사람은 에디슨의 조수였던 포터(Edwin Stanton Porter, 1870~1941)입니다. 그가 만든 「미국 소방관의 삶Life of an American Fireman」(1903)에는 조르주 멜리에스의 「달세계 여행」에서처럼 하나의 사건이 등장합니다. 어떤 가정집에서 불이 나자 이것을 진화하려고 소방 마차들이 급히 출동합니다. 집 앞에 도착한 소방관들은 화재 지점이 2층인 것을 확인하고 분주하게 소방 호스를 펼칩니다. 2층 실내에는 매캐한 연기가 자욱하고 아이와 함께 방 안에서 빠져나

가지 못한 여인이 애타게 구조를 기다리다가 그만 실신하고 맙니다.
이윽고 실내에 진입한 소방관들이 사다리로 여인과 아이를 구출하고
불을 진압하는 데 성공합니다.

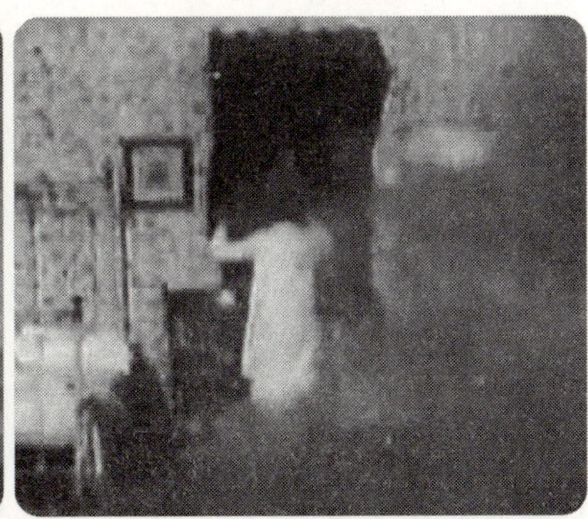

「미국 소방관의 삶」 실외 촬영(좌), 실내 촬영(우)

사실 불이 난 2층집 외경은 실외에서 촬영했고, 2층 실내 장면은 스
튜디오에서 따로 촬영했습니다. 같은 장소가 아닌 것이지요. 포터 감
독은 편집이라는 접착 기술을 이용해서 이 두 공간을 마치 같은 공
간인 것처럼 보이도록 연출했습니다. 간단히 말해 관객의 눈을 속인
것이지요. 하지만 그렇다고 해서 이런 작업을 윤리적으로 비난하는
사람은 아무도 없었습니다. 오히려 재미있다고 생각하면서 "정말 그럴
싸하군!" 하고 평가했지요.

포터 감독은 이후 1903년에 「대열차 강도The Great Train Robbery」
(1903)라는 최초의 서부영화를 만들어서 흥행에 성공합니다. 무성영화
이기 때문에 배우들의 대사는 없지만, 그들의 행동이나 배경으로 이

야기의 흐름이 파악되지요. 그뿐만 아니라 보안관들이 강도들을 추격
하는 장면이나 기차 위에서의 격투신 등을 보면 그 전에는 스튜디오
에서 이루어지는 실내 촬영이 많았던 반면 그 즈음에는 카메라의 동
선이 외부로 확장되고 있음을 알 수 있습니다.

「대열차 강도The Great Train Robbery」(1903)

이 작품에서도 기차 안을 보여주는 장면은 고정된 스튜디오 내부에
서 마치 한쪽 벽을 허물고 찍은 것처럼 촬영한 다음, 실제로 움직이고
있는 기차 바깥 장면과 이어지게 편집했습니다. 더구나 기차 실내의
오른쪽 문 바깥으로 풍경이 휙휙 지나가는 것처럼 보이게 함으로써

마치 실제로 움직이고 있는 기차 안에서 상황이 벌어지는 것처럼 연출한 꼼꼼함도 찾아볼 수 있네요!

「대열차 강도」의 마지막 장면에서는 강도 중 한 명이 관객을 향해 총을 발사합니다. 우리가 앞의 장에서 살펴보았던 미디엄 샷으로 촬영된 남자의 모습입니다. 그 이전까지는 마치 연극을 보는 것처럼 무대 전체가 나오고 인물들의 모습이 전신(全身)으로 나오는 풀 샷 위주였다면, 바로 이때부터 촬영되는 대상의 크기가 다양해지고 있는 것이지요. 영화는 감독의 의도 또는 강조하려고 하는 것이 무엇인가에 따라 촬영의 형태가 달라지게 마련입니다. 그러한 재료들을 가지고 타임라인에 배치하는 방법 역시 다양하고요. 결국 감독은 전달하려는 메시지를 가장 효과적으로 전달할 수 있는 방법을 취하게 됩니다. 다른 모든 일에서와 마찬가지로 영화의 편집 작업 역시 선택의 문제라고 할 수 있겠지요?

_ 컷의 충돌이 만들어내는 의미

우리는 앞 장에서 이미 샷에 대해 알아보았습니다. 풀 샷, 미디엄 샷, 클로즈업…… 기억나지요? 이런 샷들은 편집 타임라인 상에서 '컷'이 되어 의미의 단위로서 기능을 합니다. 우리가 쓰는 문장에서 단어와 조사가 최소 단위 역할을 하는 것처럼 영상에서는 '컷'이 최소 단위가 됩니다. 이 컷들은 서로 묶이거나 충돌하면서 전혀 뜻밖의 의미, 혹은 새로운 의미를 만들어냅니다. 그래서 편집을 '작품의 재탄생 과정'이라고 말하지요. 편집이 단순히 NG 컷을 골라내고, 자막을 넣고, 분위기에 맞는 음악을 배치하는 기술적 작업이 아니라는 뜻입니다.

쿨레쇼프

쿨레쇼프의 실험

구 소련의 영화 이론가 쿨레쇼프(Lev Kuleshov)가 이런 실험을 했습니다. 그는 이반 모주힌(Ivan Mosjoukine)이라는 배우의 무표정한 얼굴을 촬영했습니다. 그리고 관 속에 누워 있는 숨 거둔 아기의 모습, 뜨거운 수프 한 접시, 쇼파에 누워 있는 아름다운 여인의 모습을 촬영한 후 각각의 장면에 모주힌의 얼굴 컷을 붙였습니다.

이렇게 편집된 장면을 본 관객들은 배우 모주힌의 얼굴을 각각 다르게 해석했습니다. 아이를 바라보는 비통한 상태, 배고픈 표정으로 수프를 바라보는 모습, 여인을 바라보는 애정 어린 표정으로 다르게 읽은 것입니다. 실제로는 같은 무표정한 얼굴을 반복해서 사용한 것인

130

데도 말입니다. 이 실험은 한 장면에 또 다른 장면을 연결시켜서 제3의 의미가 도출되는 편집의 힘을 보여줍니다.

_ 점프 컷(jump cut)

아래 스틸 컷을 보세요. 오픈카 조수석에 타고 있는 여자 주인공의 뒷머리가 보입니다. 남자 주인공이 던지는 대사의 구절이 바뀔 때마다 장소가 점프하듯이 확확 바뀝니다. 카메라는 여자의 뒷모습을 계속 찍고 있지만 컷이 달라지는 것이지요.

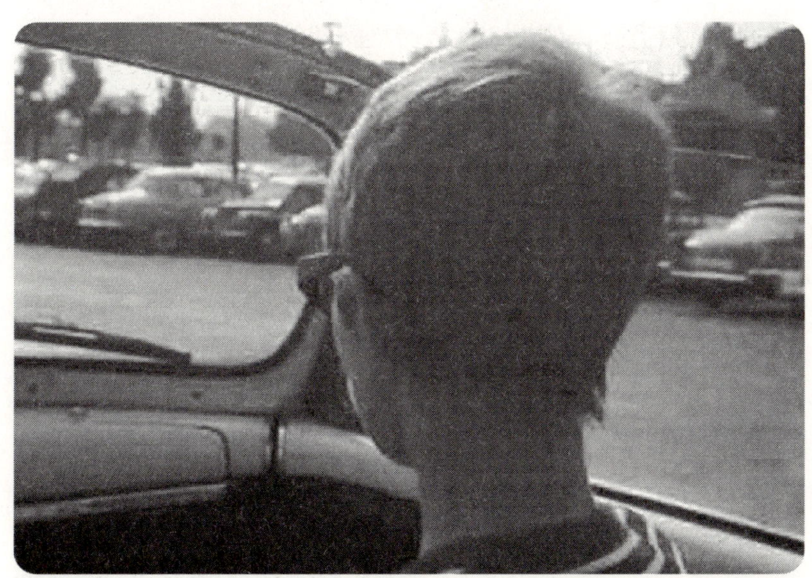

「네 멋대로 해라À bout de souffle」(장 뤽 고다르, 1960)
"나는 아름다운 목을 가진 여자를 사랑한다.
아름다운 가슴, 아름다운 목소리, 아름다운 손목, 아름다운 이마, 아름다운 무릎……."

요즈음은 CF나 뮤직비디오에서 아주 흔하게 사용하는 편집 기법이지만, 프랑스의 장 뤽 고다르 감독이 1960년에 「네 멋대로 해라」라는 작품으로 이 기법을 처음 선보였을 때 사람들은 매우 놀랐습니다. 그 이전에는 한 공간에서 드러나는 시간은 자연스럽게 이어져야 한다는 고정관념이 지배적이었거든요. 하지만 고다르의 생각은 달랐어요. 그는 "중간에 벌어지는 일은 재미가 없으니 건너뛰자"고 생각했습니다.

필자가 연출한 다큐멘터리 영화 「진실의 문」에서도 점프 컷이 활용되었습니다. 「진실의 문」은 1998년 2월, 판문점에서 의문사한 김훈 중위 사건을 다룬 다큐멘터리입니다. 김훈 중위의 사인을 밝히기 위해 국방부는 그 다음해 초에 법의학 토론회를 개최했는데, 나중에 이 자료 화면을 구한 필자는 국방부의 비상식적인 주장에 논리적이고 과학적으로 반박하는 재미법의학자 노여수라는 인물에 주목했습니다. 다음은 이 토론회에서 재미법의학자 노여수 씨가 마지막 소견을 밝히는 장면입니다.

다큐멘터리 영화 「진실의 문」
판문점 김훈 중위 사건 법의학 토론회
(1999년 1월 15일, 전쟁기념관 대회의실)

132

노여수 : 패널 토론에서 일곱 명이 반대 의견을 내기는 이번이 처음입
니다. 처음 한국에 나와 달라고 부탁 받았을 때는 저의 소견을
발표하고 이것에 대한 토론을 하는 것으로 알았습니다. 마치
내가 여섯 분 일곱 분을 상대로 혼자 싸우는 것 같은 그런 기
분이 드는데, 제가 생각하기에 좀 유감이라고 생각합니다. 그리
고 마지막으로 제가 말씀드릴 것은 제가 소견서에 밝힌 것처럼
그에게 무슨 우울증이라든지 동기가 없었다는 점인데요,
동기 없이도 자살할 수 있습니다, 예외. (화면 컷)
자살 유서를 안 남기고 자살할 수 있습니다, 예외. (화면 컷)
네 군데 채취해 가지고 한 군데만 화학반응이 나타나면
그거는 defense gesture, 반항하는 그런 태도다
책에 되어 있는데도 그렇게 될 수 있다면 그것도 예외. (화면 컷)
지문이 총에 나타날 수 있지만 예외.
총이 보통 93%, 그렇지만 이것은 7%에 해당하는 예외. (화면 컷)
피가 총열 안에만 발생하고
왼손으로 잡았는데도 왼손엔 하나도 없다, 예외. (화면 컷)
두정부에 생긴 혈종이 꼭 총상에만 의해서 생겼다.
둔기로 맞지는 않았다, 그런 얘기. (화면 컷)
총을 쏠 때는 뒤쪽으로 간다는데, 그것도 예외,
있을 수 있고. (화면 컷)
자살을 한 사람은 꼭 총을 대고 쏘는데,
예외는 3% 있다, 예외. (화면 컷)
제가 여기 열거한 여덟 가지 정도의 보통 우리가 법의학적으

로 전부 예외.

만약에 이 케이스가 전부 예외로 성립해서 자살이라면 할 말
이 없습니다.

이상입니다.

사회자 : 그러면 지금 뭐 기존의 입장을 바꾸시는 겁니까?

노여수 : 그건 제가 상식에 맞기겠습니다.

김훈 중위의 사인에 대해 여러 법의학자 패널들이 말한 내용이 상식
적으로 생각할 때 지극히 예외적인 것들이라는 점을 열거하고 있는
내용입니다. 노여수 박사가 "예외, 예외, 예외……"라고 말할 때 점프
컷이 사용되었습니다. 토론회장이라는 장소의 변화는 없지만, 발언의
시간이 압축되어 긴박함이 생기고, 예외라는 단어가 나올 때마다 장
교 김훈이 자살할 수 있는 확률은 점점 줄어들게 되는 것이지요. 점
프 컷 편집을 활용한 이 장면에서 의미의 점층적 효과가 일어나면서
관객들은 '김훈 중위가 정말로 자살했을까? 저런 희박한 확률의 자살
이 과연 가능할까?'라는 의구심을 강하게 갖게 됩니다. 이처럼 점프
컷은 공간 속 연기자의 동작이 시간을 뛰어넘게 해줍니다.

Lev Vladimirovich Kuleshov

내 마음의 기록, 내레이션

: 내 눈으로 바라본 세상을 내레이션으로 쓰기

불만 많은 막내아들의 독백 「나의 아버지」

🔆 내레이션(narration)은 시나리오 용어로 장면 밖에서 들려오는 목소리라는 뜻
입니다.

사전적 의미로는 "영화·방송극·연극 따위에서 장면에 나타나지 않으
면서 장면의 진행에 따라 그 내용이나 줄거리를 장외(場外)에서 해설
하는 일. 또는 그런 해설"이지요. 영어 스펠링을 보면 짐작하시겠지만,
내레이션은 '이야기 구조를 가지는 것, 서사성, 내러티브(narrative)'라는
말과 관계가 있답니다. 이번 강의에서는 여러분이 감독이 되어 작업
할 때 내레이션을 활용하여 내가 말하고자 하는 이야기의 틀을 잡는
방법을 알아보겠습니다. 필자가 연출한 작품들, 그리고 학생들이 만
든 다큐멘터리들의 내레이션을 중심으로 살펴볼까 합니다.

🔆 필자는 2001년에 「나의 아버지」라는 다큐멘터리 작품으로 영화 작업을
시작했습니다.

그때는 디지털 6mm 테이프라는 저장 매체가 들어가는 가정용 디지
털 캠코더가 많이 보급되던 시기였어요. 마침 학교에서 듣게 된 한국
현대사 수업을 통해 '나와 내 가족의 역사'를 더듬어보는 시간을 갖

게 되었습니다. 아버지와 심한 갈등 관계에 있었던 필자는 영상을 통해 가족에 대한 이야기를 풀어내고 싶었고, 집에 있던 가족 앨범 속 사진들을 활용하기로 마음먹었습니다.

「나의 아버지My Father」(김희철, 2001)

가족 앨범을 뒤져 보면서 제가 몰랐던 사진도 많이 발견하게 되었습니다. 필자의 아버지가 한국전쟁 때 피난 내려온 실향민이고 어린 시절 미군부대에서 일했다는 사실은 알고 있었지만, 그때 그 시절의 사진이 있을 줄은 정말 몰랐지요. 넓고 황량한 평지에는 몽골족의 겔(움막)처럼 생긴 미군들의 야전 막사가 열을 맞추어 서 있고, 소년이었던 아버지와 백인 미군은 카메라 앞에서 엉거주춤 앉아 폼을 잡고 있습니다. 북극의 나누크가 플래허티 감독의 카메라를 보며 환하게 웃듯이 치아를 드러내고 함박 웃는 소년의 얼굴은 그와 미군들의 돈독한 관계를 짐작케 해줍니다. 소년 '김성호'에게 미군은 초콜릿만 던져주는 시혜적 군인들이 아니라 정을 나누고 삶의 기회를 마련해주었던 고마운 존재였습니다.

소년 김성호와 주한 미군

미군에게 임명장을 받는 청년 김성호

140

◈ 나이를 먹어 청년이 된 아버지는 군대에 가야했습니다.

그가 좋아하던 미군부대에 가게 되었어요. 미군에게 임명장 같은 종이를 받고 악수를 나누는 청년 김성호의 옆모습에서 경건함 같은 것도 느껴집니다.

◈ 한편, 강원도 부잣집의 맏딸로 태어난 어머니는 상당한 미인이었습니다.

어린 시절부터 어머니를 알고 지내던 마을 오빠 김성호는 박력 넘치는 분위기로 미인을 쟁취했다고 합니다. 두 사람은 결혼을 하고 아기를 낳았습니다. 아들, 딸, 아들(필자의 큰형, 누나, 작은형). 세 아이를 먹여 살리기 위해 아버지는 돈을 벌어야 했고 강릉에서 이런 저런 일을 하다가 결국 서울로 와서 철물점을 차리게 됩니다. 부자집 따님이었던 어머니도 남편을 도와 두 손에 먼지 묻히며 아내로서 엄마로서의 역할을 해나가야 했습니다. 그러면서 필자가 늦둥이 막내로 태어나게 되었습니다.

◈ 자식들이 자라고, 학교에 들어가고…… 여느 집처럼 이런 저런 일들이 생겨납니다.

행복한 순간도 있고 힘든 시간도 있었을 것입니다. 그 쇠털같이 많은 나날들의 이야기는 여느 집과 마찬가지로 대하소설로 써도 모자랄 테지요. 가족에 관한 다큐멘터리를 만들고자 했던 필자의 최대 고민은 아버지와의 갈등이었어요. 아버지의 강한 말투와 성격이 어디에서부터 비롯되었는지가 늘 궁금했습니다. 그래서 그 화두를 중심에 두고 이야기를 만들어갔어요.

◐ 한국전쟁 때 피난 내려와서 엄마를 만나고, 3남 1녀를 두게 된 아버지의
역사.

우리 집의 가족사를 앨범에서 잠자고 있던 사진들로 확인한 필자는
가장 먼저 슬라이드 쇼를 생각했습니다. 사진이 시간 순서대로 붙어
있는 것을 보고 얻은 아이디어였어요. 사진에 내레이션으로 설명을
덧붙이면 좋겠다는 생각이었습니다. 그래서 우선 사진들에 이름을 매
겨서 종이의 왼쪽에 붙이고, 각 사진에 맞는 적절한 내레이션 대본을
구상하여 종이의 오른쪽에 써나갔습니다. 내레이션은 시처럼 최대한
짧게 썼어요. 정지된 한 장의 사진이 지루하지 않게 보이려면 내레이
션의 길이도 길지 않아야 한다고 생각했거든요.

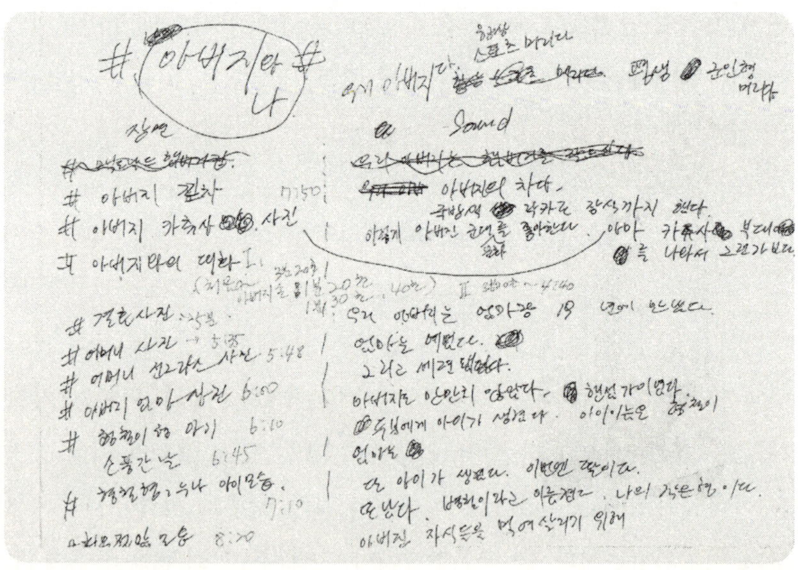

내레이션 초안 작업

142

◐ 내레이션 대본을 준비한 다음 필자는 영상을 가르쳐주는 곳에서 캠코더를 빌렸습니다.

그때는 정식으로 녹음실 같은 데 갈 생각도 못 했어요. 그래서 우선 캠코더를 마이크 삼아 필자의 목소리를 녹음했습니다. 가족사진은 스캔을 받아 이미지 파일로 만들었고요. 사이즈를 편집 프로그램에 맞게 조정하고, 세로 사진은 좌우에 블랙 화면을 넣어서 가로 이미지로 바꾸었습니다. 편집 프로그램에서는 촬영된 영상에서 사운드와 비디오를 분리할 수 있어서 필자의 목소리 사운드와 결합된 비디오 대신 스캔한 사진들을 내용의 순서에 맞게 배치할 수 있었습니다.

◑ 내레이션과 사진만으로 이야기의 한 덩어리, 즉 우리 가족의 간략한 역사를 만들어놓은 후 필자는 작업을 확장시켰습니다.

아버지의 거친 성격에 대해서 어머니한테 카메라를 들이대며 질문했고, 명절 때 친척들이 모이면 할머니와 고모 등에게도 비슷한 질문으로 인터뷰를 요청했습니다. 그러한 인터뷰를 내레이션 중간에 삽입시켜서 연결하기도 하고, 인터뷰 또는 내레이션의 내용에 맞는 필자 자신이나 아버지의 모습을 추가로 촬영하기도 했지요.

다큐멘터리 영화 「나의 아버지」의 독백 내레이션(1인칭 관찰자/주인공 시점)

*# : 화면 설명, n : 내레이션

(앞부분 생략)

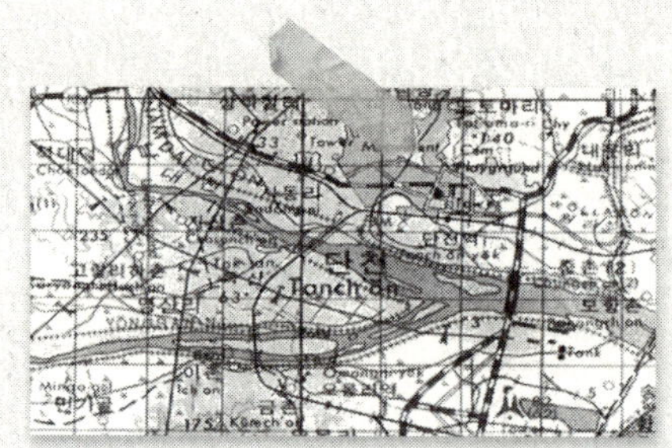

함경도 단천 지도

n 아부진 함경도 단천 사람이다.

피난민들, 슈샤인 보이 미군 구두 닦고 있다.(자료화면)

n 1·4후퇴 때 할아버지와 아버지, 작은 아버지 이렇게 세 분만 내려와서 안 해본
  일이 없다고 한다.

n 아부진 미군들의 슈샤인 보이였댄다.

n 아부진 미군이 좋았나보다.

n 군복무도 미군부대에서 했다.

n 아버지가 근무했던 미군부대는
동두천 근처라고 한다.

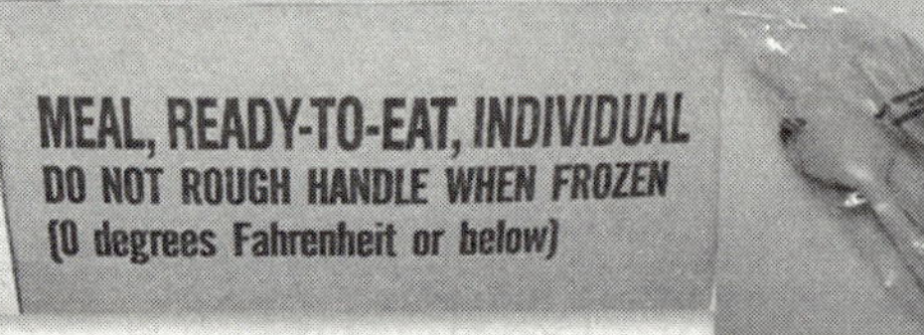
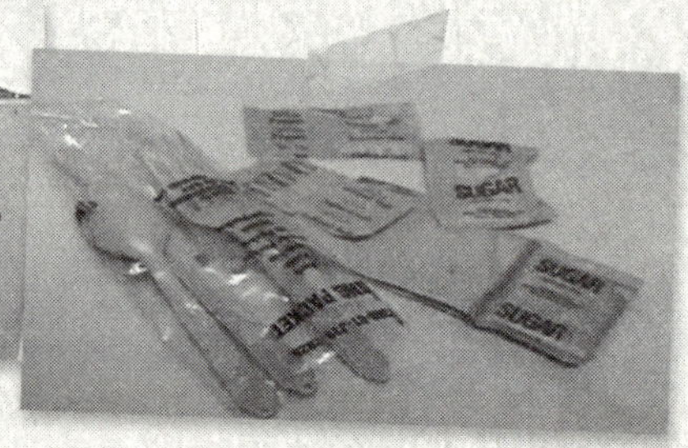

\# 씨레이숀 박스, 씨레이숀 팩들.

n 아부진 가끔 동두천에 가서 미군들 전투식량을 사와 드시곤 한다.

\# 엄마 인터뷰

엄마: 열네 살부터 그렇게 먹고 살았다니까.

나: 엄마 몇 살이야 인제?

엄마: 육십 둘.

나: 아부지는?

엄마: 육십 넷. 이거 말하는 것도 다 나오나?

나: 다 나오지.

엄마: 그래서 자꾸 말을 시키는구나.

\# 엄마 어릴 적 사진

n 엄마는 무척 미인이었다.

선그라스 낀 엄마

n 그리고 세련됐었다.

아버지, 엄마 약혼 사진

n 아부지도 만만치 않았다. 핸섬 가이였다.

아버지, 엄마, 큰형 아기 때 사진

n 두 분 사이에 아기가 생겼다.

큰형, 누나 아이 때 모습

n 또 아이가 생겼다. 이번엔 딸이다.

n 두 분은 첫아이를 남부럽지 않게 키웠다.

n 아부진 자식들을 먹여 살리기 위해 철물점을 차렸다.

n 엄마도 살림만 할 순 없었다.

n 또 낳다. 이번엔 아들이다.

n 첫째 아들은 모범적이었다.
하지만 둘째 아들은

n 삐딱선을 탔다.

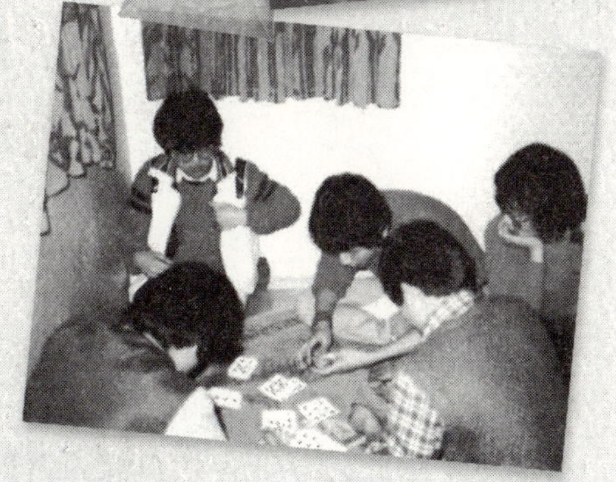

n 그는 고등학교를 그만뒀다.

n 큰아들은 육사에 들어갔다.

n 아부진 무척 자랑스러워했다.

n 사관학교는 무척 힘든 곳이랜다.
　군사훈련도 빡세고

칠판에 지시사항 적고 있는 생도
n 내무 생활도 엄격하다고 한다.

예복 입은 생도 모습
n 하지만 멋있는 곳이기도 하다.

형 졸업 예복 사진
n 큰 아들은 잘 참고 졸업을 했다.

육사 반지
n 그리고 졸업 반지와 똑같이 생긴
    육사 반지를

아버지의 반지 낀 손
n 아버지 손에 끼워드렸다.

가족사진
n 우리 집 가족사진이다. 쪼그만 놈이 나다.

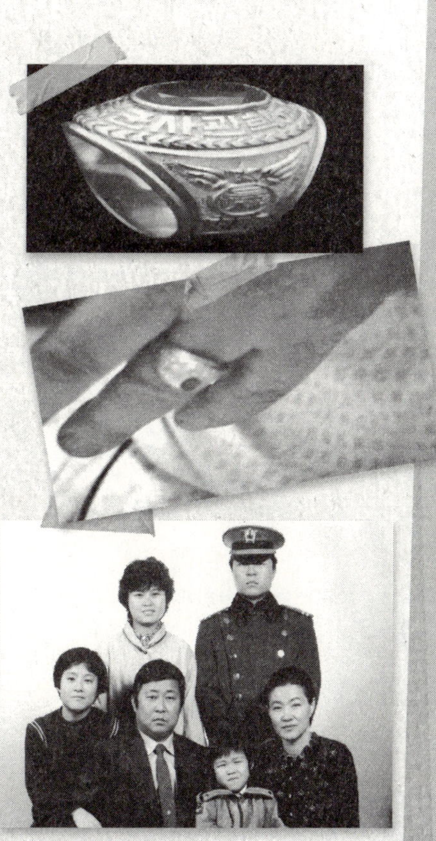

앉아 있는 나
n 난 늦둥이로 태어났다.

해변가 나

모래사장 V자 손
n 난 자유롭게 살고 싶었다.

#(동영상) 취업게시판
n 세상은 나에게 많은 걸 강요한다.
　그리고 어느 정도의 돈도 필요하다.

#(동영상) 가게 문 여는 아버지
n 난 오늘 아침에도 차비와
　식사비 조로 아버지에게
　손을 내밀어야 한다.

(뒷부분 생략)

◆ 필자의 내레이션은 아버지와 그의 가족이 살아온 시간을 비교적 객관적
으로 관찰합니다.

그러다가 '나의 탄생' 이후로는 주인공 시점이 되어 본격적으로 아버지와 갈등을 겪고 있는 화자의 상태를 표현합니다. 자유롭게 살고 싶지만 현실의 벽에 부딪힌 학생 '나', 그리고 척박한 현실 속에서 나름대로 자리를 잡고 살아가고 있는 아버지는 착취와 피착취 계급을 상징하면서 공존할 수밖에 없는 혈연이기도 합니다.

◆ 내레이션에는 그것이 1인칭이든 3인칭이든 상관없이 작가의 시선이 들어
있고, 그 시선에는 작품의 주제가 녹아 있습니다.

「나의 아버지」라는 작품의 화자, '나'는 아버지에 대한 불만으로 가득 차 있지만, 한편으로는 그 세대가 살아온 역사의 무게를 느끼면서 아버지한테 연민의 정마저 느낍니다. 그 과정을 관객들은 다음과 같은 내레이션을 통해 알 수 있습니다.

"아버지가 욕을 잘 하는 건 그의 성격 탓도 있지만
그가 겪어온 우리 역사의 탓일지도 모르겠다."
(아버지를 바라보는 아들의 시선과 내레이션)

◐ 이렇게 적은 내레이션은 고정된 것이 아니라 계속 수정·보완될 수 있습니다. 내레이션을 어떻게 쓸 것인가? 어떤 이미지와 소리로 장면을 채워 넣을 것인가? 어떤 식의 이야기로 말하고자 하는 주제를 전달할 것인가? 등을 고민하는 다큐멘터리의 구성안은 단 한 번에 써지는 것이 아닙니다. 촬영하고 있는 상황에 따라 얼마든지 바뀔 수 있습니다.

◑ 때에 따라서는 촬영하면서 다큐멘터리 작업의 주제까지도 변할 수 있습니다.

촬영하려고 했던 인물의 성격이 예상을 빗나가거나 감독이 가지고 있던 가치관이 새로운 상황들을 만나면서 변화될 수 있기 때문입니다. 이것이 바로 미리 정해놓은 시나리오대로 촬영하고 편집하는 극영화 작업과의 큰 차이점이라고 말할 수 있어요. 하지만 작가와 연출자는 어느 정도 생각의 중심을 갖고 작업에 임하는 것이 좋겠습니다. 그 중심이 없다면 작업을 하는 도중에 '대체 내가 왜 이걸 하고 있지?'라는 고민의 늪에 빠질 수도 있기 때문입니다.

◑ 주제는 작품의 결승점과 같습니다.

결승점을 찾지 못하고 고민의 늪에서 헤어 나올 수 없을 때는 내레이션을 써보세요. 그러면서 생각을 정리하는 것도 좋습니다. 작품에 내레이션을 넣을지 안 넣을지는 나중에 고민하세요. 하지만 작품 속 상황에 대한 작가의 시선을 담은 내레이션은 주제를 표현하는 데 매우 편리한 도구라는 것은 꼭 명심하기 바랍니다. 물론 너무 남용한다면 차라리 안 쓰느니만 못하지요.

◐ 내레이션을 작품에 활용하기로 결정했다면 우선 완성된 후의 느낌을 상상
해보세요.

내레이션은 화면에 음성을 덮는 것이므로, 편집이 끝난 뒤 실제 어떤
느낌으로 들리게 될지를 상상해보아야 합니다. 영화의 내레이션은 책
의 문장과는 다릅니다. 연출자나 성우가 직접 읽어야 하기 때문에 시
처럼 압축적으로 써야 합니다. 그리고 문어체가 아닌 입으로 읽기에
편한 구어체로 쓰는 것이 좋습니다. 필자가 '아버지'를 일부러 '아부
지'로 발음하는 것처럼요.

◉ 여러분도 자신의 가족, 친구, 기억에 남는 선생님 등등 좋아하는 사람에 대
해 멋들어진 시를 한 수 써보세요. 그리고 그것과 연관된 사진, 그림 등 다양
한 이미지들을 수집해봅시다.

시를 쓸 때 우리 마음속에 생기는 이미지를 '시상(詩想)'이라고 합니
다. 그 이미지들이 연결되어 하나의 이야기를 만드는 것. 그것이 영화
가 아닐까요? 그다지 어렵지 않습니다. 그럼 이제부터 직접 이미지들
을 연결하면서 자신의 이야기를 써봅시다. 나만의, 나만을 위한, 내가
직접 만드는 '슬라이드 쇼'를 준비하는 마음으로요.

억울함을 호소하는 탄원서 내레이션 「무죄」

우리가 흔히 보는 텔레비전 방송 다큐멘터리에서는 보통 성우나 연예인 같은 제3자의 화면 설명이 일반적입니다.

시청자가 이해하기 쉽도록 친절하게 설명해주는 내레이션 덕분에 더 많은 정보를 얻게 되는 장점이 있지만, 어떤 때는 그 친절이 너무 지나칠 정도여서 시청하는 것 자체가 부담스러울 때도 있습니다.

다큐멘터리에 내레이션이 삽입될 경우, 그것이 방송이든 영화든 그 작품(또는 프로그램)의 주제를 가장 잘 나타낼 수 있다면 내레이션을 누가 하는가는 그리 중요하지 않습니다.

하지만 필자는 다큐멘터리 영화 「무죄」를 연출하면서 주인공 박동운이라는 사람의 온 가족이 겪은 엄청난 사건과 그가 견뎌낸 시간들을 박동운 자신의 시선과 본인의 목소리로 관객들에게 들려주는 것이 좋겠다고 판단했습니다. 어설프게 개입된 연출자의 목소리나 시청자들에게 친숙한 연예인들의 목소리와는 완전히 차원이 다른 느낌을 주고 싶었어요.

전라남도 진도에서 평화롭게 살고 있던 농협 계장 박동운 님과 그의 가족, 일가친척들은 1987년 봄 어느 날, 이상한 정보기관에 끌려가서 형언할 수 없는 고문을 당하고 간첩으로 조작되었습니다. 기관이 내놓은 증거들에는 허점이 많았지만 박동운의 가족은 '진도 거점 간첩단'으로 조작되었고, 수괴로 지목된 박동운 님은 사형을 선고 받은 후 18년간의 수감 생활을 하게 됩니다.

바로 그 순간, 이 사건을 다큐멘터리 영화로 만들고 싶다는 생각을 하게 되었어요. 그래서 박동운 님을 만났습니다. 그는 필자에게 아래와 같은 편지를 보여주셨습니다. 편지의 내용은 박동운 자신과 그의 가족, 친지가 겪은 억울한 일을 호소하는 탄원이었지요. 수신자는 국무총리, 법무부 장관, 재판장 등 다양했습니다. 필자는 그 편지의 깊이와 울림에 큰 감동을 받았고, 바로 다큐멘터리의 내레이션으로 이 글을 활용해야겠다고 마음먹었어요.

사법부에 보내는 탄원서를 쓰고 있는 박동운 님

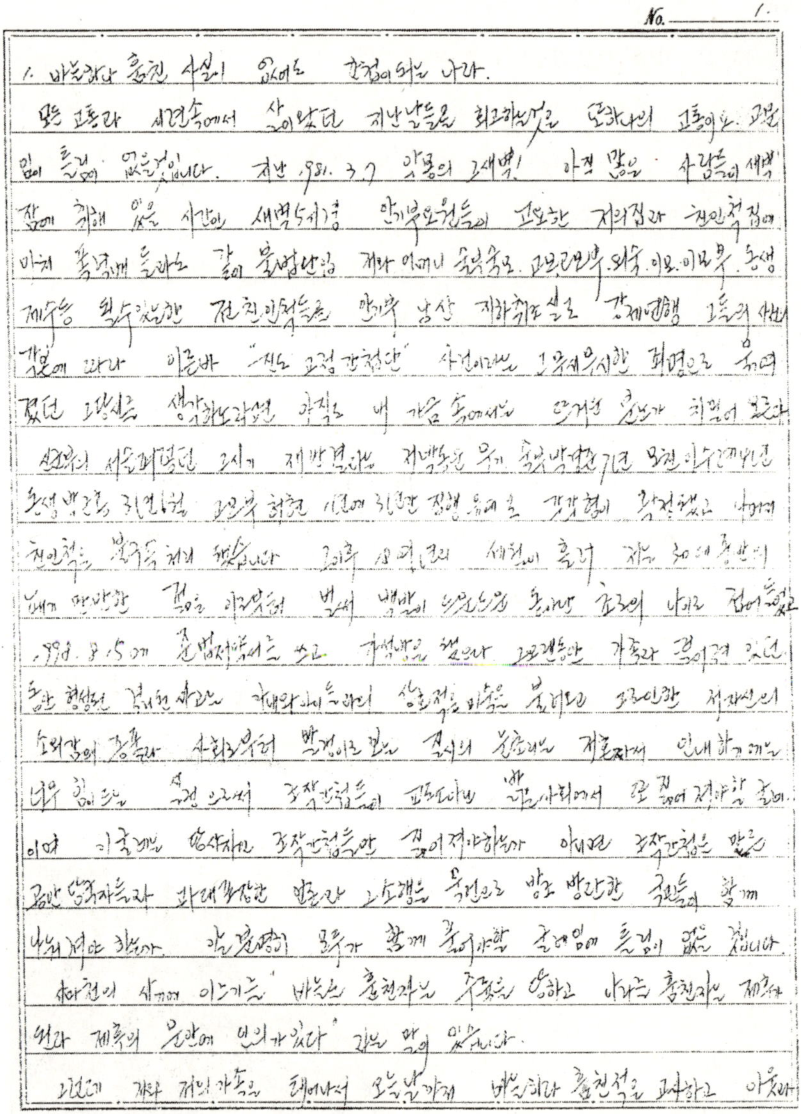

1. 바르거나 출전 사실이 없어도 간첩이 되는 나라.

모든 고통과 시련속에서 살아왔던 지난날들을 회고하는것은 또하나의 고통이요. 고통임이 틀림이 없는것입니다. 지난 1981. 3. 7 악몽의 그새벽! 아직 많은 사람들의 새벽잠에 취해 있을 시간의 새벽5시경 안기부요원들의 교묘한 지의접과 그개인적 접에 …

[본문은 판독이 어려운 필기체로 되어 있음]

무죄를 호소하는 박동운 님의 탄원서

다큐멘터리 영화 「무죄」의 편지 내레이션

* # : 화면 설명, n : 내레이션

훈연기(양봉 기구)로 연기 피우는 박동운

n 중국의 역사가 사마천이 쓴 사기를 보면
  이런 말이 있습니다.

양봉작업 중인 박동운

n 바늘 훔친 자는 주륙[37]을 당하고,
  나라를 훔친 자는 제후가 된다.

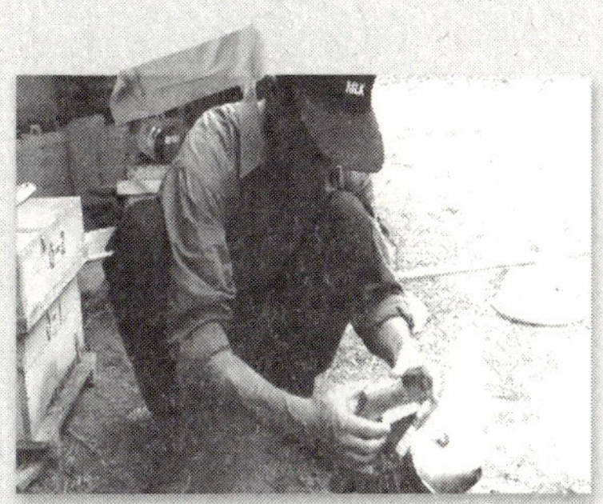

신문기사 속 박동운 일가 사진 (타자체로 자막 – 박동운)

n 저와 제 가족, 일가친척 일곱 명은
  바늘 하나 훔친 적이 없는데도
  하루아침에 누명을 쓰고 간첩단이 되었습니다.

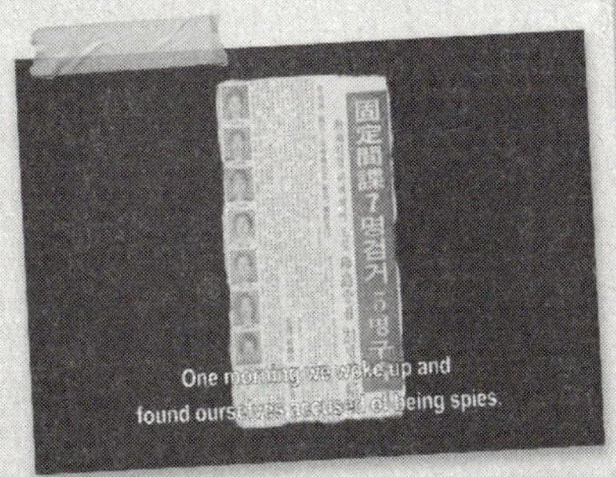

n 감옥에서 환갑을 맞은 어머니는
  2심에서 확정된 4년 만기를 꼬박 채우고 나왔습니다.

지은 죄에 대한 형벌로 죄인을 죽임

감옥 안, 찬송가

n 감방의 잠자리에서 들리는 성가를 들으면서
　소리 없는 눈물은 왜 그리도 많이 흐르는지

광주교도소

n 재판이 다 끝나고 광주교도소에서
　수형생활이 이어질 때

진도 가정집 창문

n 처가 아이를 낳고 집에 누워 있는데
　평소에 그렇게 찾아오던 사람들도 다 발길을 끊고

진도 가정집 문

n 누구 하나 문을 여는 사람이 없었다고 합니다.

삽화 – 순진한 표정의 아이들(첫째 아들, 둘째 딸, 막내 아기)과 아내

n 남편 없이 홀로
　자식들을 키운 아내는
　말할 것도 없고

(디졸브) 삽화 – 늙어버린 아내, 무표정한 아이들, 아이들 얼굴 클로즈업

n 간첩의 자식으로 낙인찍힌 아이들에게
　세상은 그 자체로 감옥이었겠지요.

생활문 내레이션 「나의 하루」 (중학생 작품)

◯ 지식을 얻으려면 공부를 해야 하고, 지혜를 얻으려면 관찰을 해야 한다

(To acquire knowledge, one must study; but to acquire wisdom, one must observe).

마릴린 보스 사반트(Marilyn vos Savant, 1946~)[38]가 한 말입니다. 필자가 알고 지내는 어떤 화가도 비슷한 말을 했어요. "그림을 잘 그리려면 손재주가 아니라 눈이 좋아야 한다"고요. 모두 관찰의 중요성을 역설한 것이지요. 우리가 살고 있는 삶은 다큐멘터리를 만들 수 있는 소재로 가득 차 있습니다. 나의 일상, 나의 주변을 관찰해봅시다. 나와 함께 살고 있는 가족, 내가 살고 있는 집, 우리 집이 속한 동네……

🎞 나의 이야기나 내 주변의 이야기는 가장 손쉽게 다룰 수 있는 다큐멘터리의 소재입니다.

2009년에 필자는 홍성중학교에 출강했습니다. 여러분 또래의 친구들에게 영화 수업을 진행했지요. 그때 수업시간에 필자는 학생들에게 자신의 하루 일상을 내레이션으로 써보면 어떻겠냐고 제안했고, 학생들은 의외로 다양한 글들을 써냈습니다. 그중 한 작품을 소개합니다.

[38] ▶📷 1986~1989년판 기네스북에 "세계에서 가장 지능 지수가 높은 사람"으로 등재된 사람이다. 현재 기네스북에서 이 영역은 사라졌는데, 당시 그 책에서는 그녀의 IQ를 228로 소개했다.

나의 하루

홍성중학교 임원섭

오늘도 나는 7시에 뒤척이면서 일어난다. 졸린 몸으로 아침을 먹게 되면 7시 25분이 된다. 밥을 먹고 화장실에 가면 7시 40분이 된다. 그러면 7시 45분에 학교로 가기 위해 집을 나선다. 학교에 도착하면 우리 반 아이들이 떠들고 있다. 내가 자리에 앉기 위해서 이야기하는 아이들 사이로 들어가면 "원섭아 안녕"이라는 말을 듣게 된다. 이 말을 들으면 '내 친구들이 나를 기억하고 있구나' 하는 생각이 든다.

1교시, 2교시, 3교시, 4교시 수업을 듣고 정오를 살짝 넘긴 뒤에 점심을 먹는다. 빨리 가서 먹고 싶지만 우리 반이 밥을 먹는 순서가 마지막이기 때문에 차례가 돌아올 때까지 기다린다. 그 지루한 시간이 빨리 가기를 기다리는 방법은 다양하다. 술래잡기를 하는 친구들도 있고, 야구를 하는 친구들도 있는 등 다양한 방법으로 시간을 보낸다.

맛있는 점심을 먹고 5교시, 6교시까지 학교수업이 끝나면, 점심을 먹는 것처럼 급식실에서 저녁을 먹는다. 저녁을 먹고 내 친구들과 함께 어두운 시간에도 공부를 하러 간다. 내가 가는 공부방에는 우리 학교 친구들이 있고, 다른 학교의 친구들도 있다. 이곳에 다니는 친구들도 "원섭아 안녕"이라는 말을 나에게 해준다.

공부가 끝나고 어두운 밤이 되면 집에 온다. 피곤한 몸으로 집에 와서 따뜻한 물로 샤워를 하고 몸을 뒤척이다가 잠을 잔다. 매번 비슷한 일상 속에서 생각나는 것은 바로 '내가 지금 겪고 있는 날들에서 내가 없어진다면 내가 없는 세상은 어떻게 될까?' 하는 것이다.

우리 엄마가 매일 아침에 나를 깨워가면서 내 밥을 차릴 일도 없을 것
이고, 내 친구들이 매일 "원섭아 안녕"이라는 말도 쓰지 않을 것이다. 또
우리 반에서 내가 사라지므로 선생님들께는 책상이 하나 남고, 수업을
받는 학생들이 34명이 될 것이며, 내가 내던 점심과 저녁 밥값도 내지
않을 것이다.

이런 세상이 된다면, 과연 좋은 것일까? 내 생각에는 그건 좋지 않다고
생각한다. 만약 내 친구 한 명이 사라지게 된다고 하면 나는 심심하게
될 것이고, 그 친구와 놀지 못해서 매우 슬플 것이다. 그리고 그 친구가
사라져서 친구의 가족들도 매우 슬퍼할 것이다. 이런 점에서 내가 사라
지는 것은 좋지 않다. 그래서 나는 내가 지금 이 시간대에 존재하고 있
다는 것이 정말 행복하다.

「나의 하루」(임원섭, 2009)

평범한 학생의 아침 기상부터 잠에 들기까지의 하루입니다.

자신의 관점으로 하루를 정리한 이 글은 그때 만났던 학생들 중 한 명인 임원섭이라는 친구가 쓴 것입니다. 매일매일 반복되는 학교생활이지만, 친구들과의 우정과 자신의 존재에 대한 고마움을 느끼는 마음이 잘 드러나고 있지요? 학교생활이 소재라면 원섭이가 느끼고 있는 이 마음이 글의 주제라고 말할 수 있겠네요. 원섭이는 이 글을 바탕으로 디지털 카메라를 이용해서 간단한 사적 다큐멘터리 영상을 만들었습니다.

설명 내레이션 「겨울시장」 (고등학생 작품)

◎ 이번에 소개할 작품은 시장을 소재로 한 것입니다.

인천에 사는 고등학교 학생이 만든 다큐멘터리인데요. 최대한이라는 친구는 자신이 태어나 살아왔고 여전히 부모님께서 가게를 운영하고 계시는 인천의 중앙시장을 다큐멘터리의 소재로 삼았습니다. 자신이 가장 잘 아는 곳이기도 하거니와 상인들 대부분이 부모님과 아는 분들이어서 인터뷰와 촬영이 쉬운 편이었다고 합니다. 하지만 대한이가 갖고 있는 문제의식은 상당히 진지했습니다. 대한이가 중앙시장에 대해 어떤 생각을 갖고 있는지, 또 그것을 어떻게 내레이션으로 풀어냈는지 한번 살펴볼까요?

중앙시장의 여러 공간들을 촬영하면서
시장 상인들을 만나 인터뷰를 시도하고 있는 대한이

「겨울시장」 (내레이션 최대한)

n 중앙시장. 인천시 동구에 위치한 침구 및 한복으로 유명한 시장이다.

n 여기는 중앙시장 내에 위치한 교복집.
　우리 가게다.
　난 어릴 때 이곳에서 자랐다.

n 이 녀석이 나다. 현재의 나의 모습과 비교되는 의외의 모습이다.

n 이 시장은 인천 앞바다, 서해와 가깝다. 그래서 이 시장이 생겼다.
조선시대 서울과 가장 가까운 항구 제물포, 현재 인천항에는
외국 문물이 많이 들어왔다.

n 그러던 결과 현재의 차이나타운이 대표적이다.

n 수십 년 된 조그만 가게들이 하나 둘 생겨 이런 옷가게 등이 많이 생겼고 점차 커졌다.

n 물론 사람이 있으면 먹거리도 생기게 마련이다.

이 시장은 대표적으로 침구류가 유명하다.

n 하지만 점차 시장은 어두워지고 조용하고 적막이 흘렀다.

들리는 건 장사꾼의 트럭에서 나오는 소리뿐이다.

그런 이유로 가게들은 하나둘씩 문을 닫았다.

n 휴일이 아니어도 닫았다.

n 이 가게는 몇 년째 닫혀 있다. 이 가게뿐만 아니라 이 식당도 이 한복집도 닫았다.

인터뷰 – 용신상회 아주머니

"우리는요, 장사한 지 50년 넘었어요. 우리 아버지 때부터.
여기가 왜 장사가 안 되냐면 원인은 다른 데에 가게가 구비구비 많이 생겼고
마트 같은 매장 큰 곳이 많고……."

인터뷰 – 동인천 북광장 상인 할아버지

"대형 마트들이 많이 생겼잖아요. 그래서 지장이 좀 있고, 이 중앙시장은 재래
시장이기 때문에 시의 관리가 별로 없어요. 이게 인천의 명물시장이라는 중앙
시장인데 시에서 관심을 두지 않아서 조금 섭섭하구요."

n 이 극장은 시장 내에 있던 조그만 소극장이다.
극장이 열렸을 때 나는 자주 영화를 보러 갔었다.
역시 이곳도 문을 닫았다.
이쯤 되면 꼭 나오시는 분이 있다.
재개발이라는 멋진 분이다.
하지만 시장 사람들은 별로인 것 같다.

n 시장 입구에도 재개발 반대 플래카드가 붙어 있다.
재개발 이유는 2014년 아시안게임인지 뭔지 하는 이유로
세계인들에게 멋지게 보이기 위해서란다.

n 그런 세계적인 축제라면 잘 보여야 하는 건 사실이다.
이렇게 어두침침한 건 외관상 좋지 못하니까.

인터뷰 – 태경한복 아주머니

"크게는 인천시고 작게는 이 동네 역세권인데 환경도 다듬어놓고 잘 하면 좋죠.
좋은데 그렇게 개발을 잘 하려면 여기서 오래 생활한 사람들을 너무 억울하게
해서 개발하면 안 되죠."

인터뷰 - 동인천 북광장 상가 아주머니

"우리는 평생을 여기서 살아온 서민들이에요. 영세 상인들이니까 우리가 살 수 있는 길만 열어주면 우리는 얼마든지 시의 발전을 위해서 우리 집을 내놓고 나갈 수 있다고 말하고 싶습니다."

n 택지, 장사를 할 수 있는 장소가 필요하다고 말씀하신다.
　하지만 청부에서는 택지는 계획에 없다고 하니 미치고 팔짝 뛸 노릇이다.

인터뷰 - 상가 아주머니

"이 자리가 내 자리예요. 여기서 평생을 먹고산 자리인데……"

n 7평 남짓한 공간에서 수십 년 동안 생계를 유지하고
　자녀들을 키우고 현재 남편분의 병간호까지 하시고
　수술비까지 감당하셨다고 한다.
　그런데 이곳마저 떠나보내면

이 아주머니는 살 곳이 없고 생계를 유지할 곳이 없어진다.
이 아주머니뿐만 아니라 다른 가게도 다 똑같을 것이고

이미 떠난 사람도 다 같을 것이다.

어느새 해가 지고 가게들은 문을 닫고 있다.
이렇게 하루는 끝나간다.

상인들의 마지막 인터뷰들

n 좋은 결실과 결과를 얻기 위해서는 개인과 단체의 노력이 매우 중요하다.
이 영상에 나온 분들이 저 인천 앞바다처럼 멋진 결과를 얻길 바란다.

◉ 대한이는 평소 자신의 부모님이 영업을 하고 계신 중앙시장의 사정을 잘 알고 있었습니다.

그런데, 최근 시장에 재개발과 관련된 골치 아픈 일이 벌어져서 자신의 부모님뿐만 아니라 어릴 때부터 자주 뵈어온 시장 상인들이 매우 힘겨워하는 모습을 보고 큰 안타까움을 느꼈습니다. 대한이는 그러한 문제의식을 가지고 카메라를 들었지요. 자신이 어릴 적 많이 다녔던 시장의 이곳저곳을 촬영하고, 재개발과 관련된 상인들의 진솔한 이야기를 듣고자 몇 분에게 인터뷰를 요청했습니다.

인천 중앙시장의 이곳저곳을 다니며 촬영하고 있는 대한이

◉ 촬영을 마친 대한이는 그것들을 편집 프로그램으로 모니터링하면서 내레이션을 써나갔습니다.

대한이는 자신이 찍고 편집한 영상을 관객들에게 보여주면서 설명한다는 느낌으로 '이 시장', '이 동네', '이런', '이곳', '이렇게'처럼 '이것'이라는 지시대명사를 많이 썼어요. 시장이 번화했던 시절, 시장 건물에 있었지만 지금은 간판만 덩그러니 남은 영화관, 정기 휴일뿐만 아

니라 365일 문을 닫고 있는 가게의 셔터문 등의 장면에다 시장의 쇠
락을 지켜보면서 대한이가 느끼는 안타까움이 표현된 내레이션을 삽
입하여 주제를 잘 드러내고 있지요. '중앙시장'이라는 시장 이름 대신
'겨울시장'이라고 제목을 단 것도 매우 흥미로워요. 빨리 겨울이 지나
가고 따뜻한 봄이 오길 바라는 대한이의 마음이 잘 드러나 있습니다.

취재 스타일 내레이션 「44 size」 ^(대학생 작품)

◯ 다음에 소개하는 작품은 자신의 관심사를 영상화한 것입니다.

세종대학교에 다니는 한 여학생이 만든 5분 분량의 다큐멘터리 「44 size」입니다. 이 친구는 요즘 가장 신경을 많이 쓰고 있고, 이제는 자신의 일상이 되어버린 다이어트를 작품의 소재로 삼았습니다. 그것을 통해 자기 자신을 되돌아보는 시선을 보여주고 있고요.

◑ 첫 장면을 주목해볼까요?

화면에 맨 처음 등장하는 것은 비어 있는 상 위에 검은콩, 포도, 달걀, 시리얼, 커피 등 먹을거리입니다. 다이어트를 위해 먹고 있는 음식들이지요. 이것들을 빠른 속도로 하나씩 등장시킨 후 타이틀을 보여줍니다. 이후 자신의 여동생, 친구, 남자친구, 엄마의 인터뷰가 이어집니다.

취재 스타일 내레이션

\# 점프 컷으로 음식들 하나씩 보이고, 이어 타이틀.

\# 여동생 인터뷰

저희 언니는 다이어트 중독인 것 같아요. 오래간만에 만나도 맨날 하는 말이 다이어트 얘기밖에 안 하고……. 처음 보자마자 "나 살쪘니?" 이거부터 먼저 묻고.

\# 같은 과 친구 인터뷰

작년부터 같이 다녔는데, 맨날 친구들끼리 먹으러 가면 자기 혼자 다이어트 하러 간다고 빠지거든요.

\# 남자친구 인터뷰

항상 저한테 물어보거든요. "오빠 나 살 뺄까?" 물어보는데 참 대답하기 난감한 거 있죠.

"어, 살 빼" 이러면 "오빠, 지금 나 살쪘다는 거야?"라고 화내고.

"아니, 빼지 마" 이러면 "아 나 지금 살쪘는데 돼지처럼 있어도 된다는 거야?" 이러면서 또 화내고. 되게 난감하거든요.

엄마 인터뷰

어떻게 보면 유전인 건지 친정 엄마(주인공 할머니)가 예전에 좀 살찌시고 저역시도 좀 찐 편이고, 그런 걸 봐오니까 개도 좀 유전일까 생각해서 살을 빼려고 노력하더라구요.

주인공의 학창시절 증명 사진들

(엄마 인터뷰 사운드) 그래도 예전에는 학교 다닐 때 더 뚱뚱했는데, 인내를 많이 갖고 지가 빼더라구요.

어린 아기 때, 초등학교 때 사진, 비디오 등

n OO는 어릴 적부터 뚱뚱했던 것만은 아니다.
　초등학교에서 중학교로 올라가는 겨울방학, 키 대신 몸이 불어버렸다.

스포츠 댄스복 입은 OO

n 결국 다이어트를 위해 재즈와 스포츠댄스를 시작했고,
　전교생은 OO와 춤바람이 났다.

비디오 – 교실, 학예대회 춤추는 학생들

n 그리고 한 달 반 만에 10kg을 감량했다.

n 아직도 OO는 매년 다이어트 중이다.

같은 과 친구 인터뷰

제가 생각하는 OO는, 걔가 지금 과대표
거든요. 근데 걔가 학창시절에 회장 부회장
을 했대요, 쭉. 제가 보기에는 앞에 나와 서
는 걸 좋아하는 것 같기도 하고. 그게 성격
인지 사람들한테 보여주려고 그러는 건지는
잘 모르겠어요.

학창시절 OO이 받은 수많은 상장들, 메달, 포즈 잡고 찍은 OO의 사진들.

(친구 인터뷰 사운드) 활동 같은 거나, 앞에 나서는 거, 보여주는 거 되게 좋아
해요. 다이어트도 많이 하고. 옷 같은 것도 신경 많이 쓰고 그런 거 같아요.

엄마 인터뷰

OO는 어려서부터 남한테 보여주는 걸 상당히 즐기더라구요. 보면 학교 반장
이고, 애가 체구는 작고 이래두 늘 어디에 나서는 거 인정받는 거, 반장, 회장,
경기도 기자…….
어렸을 때 바이올린 다닐 때도 보여주려고 다닌 건지, 그걸 매고 다니는 걸 상
당히 좋아하더라구요

유치원 행사 비디오, 고등학교 합창 연습 비디오

n 유치원 시절, OO는 재롱잔치 12개 중 7개를 섭렵했다.
  탬버린 댄스, 왈츠, 인도춤, 선녀춤, 노래, 영어말하기, 그리고 합창 지휘.
  그 버릇 어디 못 가고 또 다시 고등학교 3년 내내
  반 합창대회 지휘자로 무대에 섰다.

피아노, 바이올린 연주하는 OO, (하지만 실력은……)

n 여기서 중요한 것은, OO이 음악을 전혀 못 한다는 것이다.
  이것이 2년 반을 배운 피아노, 3년을 배운 바이올린이다.

OO이 찍힌 비디오

n 보여주는 것, 그것이 OO의 다이어트 근본이다.
  타인의 시선에 의해 OO는 자신의 삶을 만들어가고 있다.
  스스로의 만족을 위해서라기보다 남들의 시선에 의해 행해지는 것들.
  OO는 아직도 그것들이 중요하다.
  OO의 다이어트는 앞으로도 계속될 것이다.

엔딩 크레디트

Cut!!

◐ 이 작품의 감독은 엄마의 인터뷰 중 학창시절 내용이 나올 때 매해 찍어두었던 증명사진을 활용했어요.

학창시절 사진으로 살이 점차 빠지는 것을 말 그대로 증명했지요. 재미있고 인상적인 편집입니다. 인터뷰에 나오는 "개가"라는 단어에서 알 수 있듯이, 마치 주인공이 다른 곳에 있는 상황에서 어떤 제3자가 주인공 OO과 가까운 사람들을 만나서 주인공에 대해 질문하고 대답을 얻는 것처럼 취재하는 듯 보입니다. 주인공이자 연출자인 감독이 직접 인터뷰를 했지만, 작품 전체를 제3자의 시선으로 처리하기 위해서 이런 식으로 인터뷰를 하자고 일부러 유도한 것이지요. 내레이션 역시 마치 타인이 자신을 바라보는 것처럼 읽었습니다.

◐ 감독은 자신의 어린 시절이 담긴 자료들을 십분 활용했습니다.

비디오, 사진 등을 수집하고 초·중·고등학교 때 받았던 상장, 바이올린 등 증거자료들을 최대한 많이 촬영해서 자신을 보여주고 있습니다. 그런데 단지 보여주는 데서 그치지 않습니다. 이런 모습들을 제3자의 시선과 코믹스러운 분위기의 내레이션으로 처리하여 자기 자신을 되돌아보는 시간을 갖고 있거든요. 다이어트라는 소재는 가벼워 보일 수 있지만, 이 작업은 OO 감독 자신이 태어나서 살아온 시간들을 되돌아보는 작업이 되었습니다. "타인의 시선에 의해 OO는 자신의 삶을 만들어가고 있다"는 내레이션에서 알 수 있듯이 다큐멘터리 만들기는 결국 자신의 정체성 찾기 작업이라고 할 수 있습니다.

엄마 목소리 내레이션 「동네 한 바퀴」 (어머니 작품)

🌀 이번 작품도 사적 다큐멘터리입니다.

천안에 살고 있는 심화섭 님께서 자신의 아들 승우와 함께 보내는 시간을 담은 것이지요. 이 작품은 학교 수업을 마치고 돌아와 현관문을 들어서는 아들의 모습을 바라보는 엄마의 시점 샷으로 시작합니다. 카메라를 바라보면서 엄마와 자연스럽게 대화를 나누는 승우의 모습을 통해 관객은 자연스럽게 엄마의 시선으로 동참하게 됩니다.

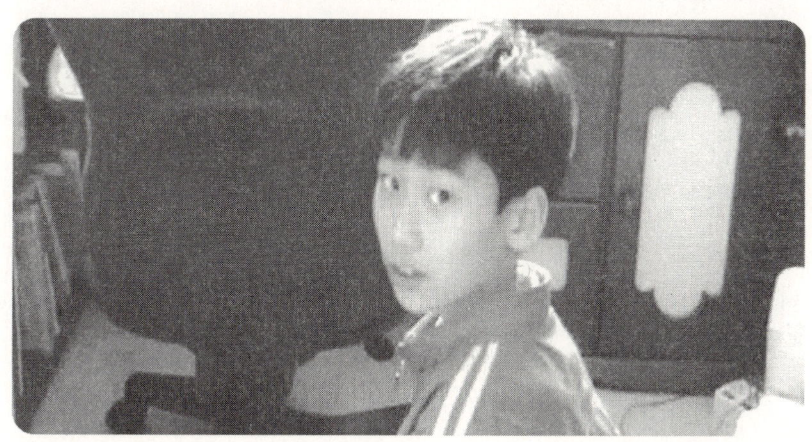

「동네 한 바퀴」(심화섭, 2013)
카메라를 든 엄마와 대화하는 아들, 승우

◐ 이 작품의 감독은 내레이션을 직접 낭독하는 대신 화면에 자막을 넣어 이
야기를 풀어나갑니다.

"학교에서 돌아온 승우는 엄마를 보자마자 게임 이야기부터 합니다.
간식을 먹으면서도 게임 이야기를 하거나 삐딱하게 누워서 TV를 봅니다.
표정 없는 얼굴과 반복되는 싸움. 어휴~ 정말 OO하겠네."

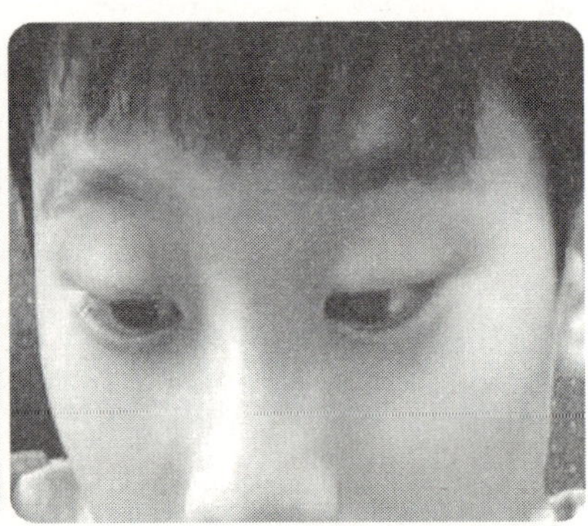

승우의 시점으로 촬영한 게임기(좌)
집중하고 있는 승우의 모습(우)

◐ 엄마는 속상합니다.

그도 그럴 것이 승우는 하교 후 매일같이 TV와 게임기에 매달려 있
었거든요. 그 모습을 안타깝게 생각한 엄마는 어떻게든 이 상황을 해
결하고 싶은 마음이 굴뚝같습니다.

"방법은 하나!! 이렇게 시간을 보내는 아들을 위해 밖으로 나가자!
그래서 오늘도 동네 한 바퀴!"

◈ 엄마는 아들을 데리고 밖으로 나가기로 결정합니다.

그 과정에서 엄마는 '추억의 미나릿길 골목여행'이라는 멋진 공간을
만납니다. 예술가들이 돌담에 그린 그림들 앞에서 아들은 포즈를 취
하고 엄마는 한 컷 한 컷 사진을 찍어 뮤직비디오처럼 편집했지요.

◈ 아들 승우가 호기심을 보입니다.

벽화(壁畵)에 관심을 가지면서 그림을 그린 예술가가 누구인지 엄마
에게 물어봅니다. 더 나아가 그림을 만든 사람을 직접 만나고 싶다며
주민센터를 방문해서 담당자에게 묻기까지 합니다. 집에서 게임만 하
던 승우가 이렇게 적극적일 줄 엄마는 알았을까요? 간만의 외출로 배
가 고파진 승우. 이번에는 엄마와 함께 남산 중앙시장에 들러 맛있는
죽도 사 먹고 솜사탕도 하나 들었습니다.

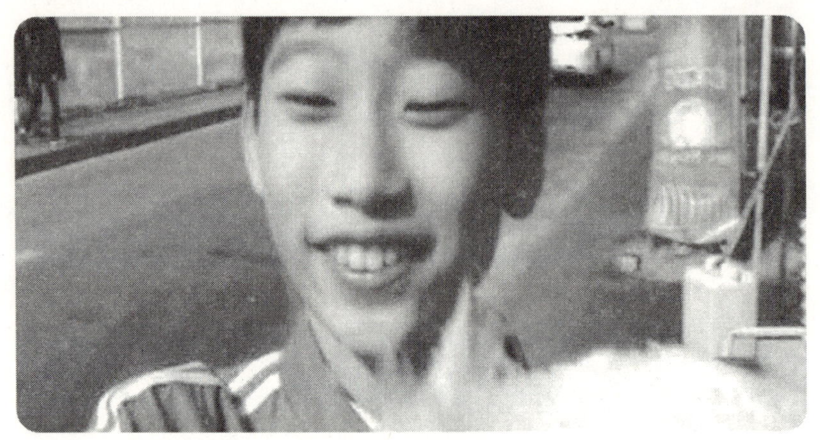

솜사탕을 들고 웃는 승우

◐ 이 작품은 사적 다큐멘터리의 매력을 잘 보여줍니다.

카메라를 든 엄마가 아들의 반복적인 일상에 변화를 주기 위해 무언가를 시도하고, 또 그 과정을 고스란히 담아낸 「동네 한 바퀴」는 매우 소박합니다. 거창한 사회적 메시지나 교훈 같은 것은 없습니다. 하지만 그 어떤 작품보다 진실하고, 행복합니다. 사적 다큐멘터리의 소소한 매력을 충분히 드러낸 작품이기도 하고요.

184

극영화 내레이션의 다양한 형식들

❂ 내레이션이란 "장면 밖에서 들려오는 목소리"라고 했습니다.

3강에서 우리는 여러 가지 작품을 예로 들어 다큐멘터리에서 사용되는 내레이션에 대해 공부했어요. '독백'(「나의 아버지」)이나 '탄원서'(「무죄」) 형식도 있었고, 일상을 기록한 '생활문'(「나의 하루」) 형식의 내레이션도 있었습니다. '설명'의 성격을 보여주는 내레이션(「겨울시장」)도 있고, 자신의 이야기를 제3자가 취재한듯 써나간 내레이션(「44 size」)도 있었지요. 모두 자신의 작품에 가장 적합한 내레이션을 찾아 활용한 경우입니다.

❂ 그런데 내레이션은 다큐멘터리에서만 쓰이는 게 아닙니다.

전문 배우가 연기를 하는 극영화에서도 다양한 인물의 목소리로 내레이션이 등장합니다. 다큐멘터리에서는 내레이션이 정형화된 형식으로 사용되는 경우가 흔한데, 극영화에서는 내레이션이 주인공 또는 조연을 하는 인물의 독백, 편지나 엽서, 일기, 유서 등 다양한 형식으로 등장하여 이야기를 이끌어나가고 작품의 주제까지 전달하는 훌륭한 장치가 됩니다. 몇 개 작품의 내레이션들을 살펴보겠습니다. 함께 읽어본 후 영화를 찾아 감상한다면 더없이 좋겠지요?

'소설' 형식의 내레이션(3인칭 전지적 작가/관찰자 시점)

해롤드의 손목시계

이 이야기는 '해롤드 크릭'이라는 남자와

그의 손목시계에 관한 것이다.

해롤드 크릭은 셈법에 아주 능통하며 대단히 과묵한 사람이다.

그의 손목시계는 더욱 과묵하다.

12년 동안, 출근 날에

해롤드는 32개의 이를 76회 닦는다.

좌우로 38번, 아래위로 38번.

12년 동안의 출근 날에

해롤드는 더블 매듭이 아닌 싱글 매듭의 넥타이를 함으로써

43초의 시간을 절약한다.

그의 손목시계는 싱글매듭 때문에 목이 살쪄 보이리라고 생각했지만

아무 얘기를 하지 않았다.

12년 동안의 출근 날에

블록 당 57걸음의 속도로 6블록을 달려

간신히 8시 17분 버스를 탄다.

손목시계는 해롤드의 얼굴에

부딪히는 시원한 바람을 좋아했다.

12년 동안의 출근 날에

해롤드는 국세청의 중견 직원으로서

7134장의 세금 서류를 처리했다.

45.7분의 점심시간과 4.3분의 커피 시간을

손목시계로 칼 같이 맞춘다.

그건 그렇고 해롤드는 외로운 삶을 살았다.

혼자서 집으로 퇴근했고

혼자서 밥을 먹었다.

해롤드는 매일 정확히 11시 13분에

잠에 들었다.

손목시계를 침대 옆에 두면서 말이다.

물론, 이건 수요일 이전까지다.

수요일, 해롤드의 시계가

모든 것을 바꿔버렸다.

영화 「소설보다 이상한Stranger Than Fiction」(마크 포스터, 2006)의 내레이션 맨 앞부분입니다. 위에서 보다시피 어떤 제3자의 '눈'으로 해롤드라는 남자의 일상을 관찰하고 있습니다. 우리가 학교나 책을 통해 들었던 '소설의 시점' 기억나죠? 시점은 '1인칭 주인공 시점, 관찰자 시점, 3인칭 관찰자 시점, 전지적 작가 시점' 등 크게 네 가지로 나눌 수 있습니다. 당연히 위에 적힌 내레이션은 3인칭 관찰자 시점입니다. 영화를 보신 분들은 알겠지만 이 내레이션은 주인공 해롤드의 속마음까지 다 읽을 수 있는 3인칭 전지적 작가 시점으로 진행됩니다. 어떤 여류 소설가가 쓰고 있는 신작(新作)의 한 문장, 한 문장을 읽어나가고 있는 것입니다.

이 내레이션 덕분에 관객들은 작품 주인공의 성격, 버릇, 직업 등을 단 몇 분 안에 파악할 수 있습니다. 또 한 번 소설과 비교하자면, 소설 구성의 3요소인 인물·사건·배경 중에 '인물'이 확실하게 각인되는 것이죠. 아직 배경과 사건은 정확하게 드러나지 않지만, 최소한 해롤드가 활동하는 시공간이 현대 서구 도시의 국세청이라는 것 정도는 알아챌 수 있습니다. 또한 앞으로 다가올 수요일에 어떤 사건이 기다리고 있고, 그것이 해롤드의 시계와 관계가 있음을 내레이션으로 어렴풋하게 예상할 수 있습니다.

_ 극영화 「벤자민 버튼의 시간은 거꾸로 간다The Curious Case of Benjamin Button」

'엽서' 형식의 내레이션

세계 각지를 여행 중인 벤자민

1970년 두 번째 생일에…… 생일 축하한다.

너한테 굿 나이트 키스를 할 수 있었으면 좋았을 텐데……

다섯 번째 생일, 초등학교 첫 등교 길을 함께 데려다주었으면 좋았을 텐데……

여섯 번째…… 너한테 피아노를 가르쳐주었으면 좋았을 텐데……

1981년 열세 번째, 남자애들 쫓아다니지 말라고

잔소리를 했으면 좋았을 텐데……

네가 상처 받았을 때 위로를 해주고 싶었는데……

내가 너의 아빠가 되었으면 좋았을 텐데……

그 자리로 돌아갈 길이 없구나.

가치 있는 것을 하는 데 있어서 늦었다는 건 없다.

근데 내 경우엔…… 네가 원하는 누군가가 되기엔…… 내가 너무 어리구나.

하고 싶은 것을 시작하는 데 시간의 제약은 없단다.

넌 변할 수 있고 혹은 같은 곳에 머물 수도 있지.

규칙은 없는 거니까

최고로 잘 할 수도 있고, 최고로 못할 수도 있지.

난 네가 최고로 잘 하기를 바란단다.

그리고 너를 자극시키는 뭔가를 발견해내기를 바란단다.

전에는 미처 느끼지 못했던 것들을 느껴보길 바란단다.

서로 다른 시각을 가진 많은 사람들을 만나보기를 바란단다.

네가 자랑스러워하는 인생을 살기를 바란단다.

이게 아니다 싶으면

다시 처음부터 시작할 수 있는 강인함을 갖기를 바란단다.

이 영화의 원작은 「위대한 개츠비The Great Gatsby」의 작가 피츠제럴드(Francis Scott Key Fitzgerald, 1896~1940)가 쓴 동명의 단편 소설 「The Curious Case of Benjamin Button」입니다. 주인공 벤자민은 늙은이로 태어나 점점 젊어지는 몸을 가진 남자입니다. 벤자민은 어릴 때부터 함께 놀던 이웃집 친구와 사랑에 빠지고, 두 사람은 건강하고 예쁜 딸아이를 낳게 됩니다. 하지만 벤자민은 시간이 흐를수록 어려지는 자신의 운명 때문에 제대로 된 아빠 노릇을 할 수 없다고 판단하고, 결국 가족이라는 보금자리를 떠나 방랑의 길에 오릅니다.

벤자민은 세계 곳곳을 여행하면서 딸에게 들려주고 싶은 말들을 엽서에 적어 집으로 보냅니다. 딸에게 이 사실을 평생 숨기려고 했던 엄마는 임종 직전의 순간에 이르러서야 엽서와 벤자민의 회고록을 공개합니다. 이것이 영화 전체의 내레이션으로 삽입되어 딸의 목소리와 아빠의 목소리가 교차되면서 관객들에게 마치 재미있고 신기한 옛날이야기를 들려주는 형식을 취하게 되지요.

_ 극영화 「늑대와 춤을 Dances with Wolves」
주인공의 '일기' 내레이션

미국의 남북전쟁 당시인 1863년이라는 자막이 뜨고, 이 작품의 첫 번째 사건이 벌어지는 전장이 비춰집니다. 다리를 부상당해 절망에 빠진 주인공 '존 던바' 중위는 총부리를 겨누고 있는 적군의 사정거리 안으로 말과 함께 뛰어들지요. '날 한번 죽여봐라'는 마음으로 두 팔을 벌린 채……. 다리가 잘리느니 차라리 죽는 게 낫다고 판단한 것입니다. 결국 존 던바가 목숨을 던져 북군의 사기를 드높인 덕분에 대치의 상황이 북군의 일방적인 승리로 끝납니다. 그 후 존은 평소 원하는 대로 서부 지역에 파견됩니다. 이때 이 작품의 첫 번째 내레이션이 등장합니다. 삶에 대한 경외감, 생사를 함께했던 말에 대한 고마움을 표현하면서 영화의 배경은 자연스럽게 동부 전선에서 서부로 이동합니다. 그리고 이 내레이션은 주인공 존 던바가 '세지윅' 요새를 홀로 지키며 쓴 부대일지, 또는 일기라는 것을 곧 알게 되지요.

요새를 지키며 일기를 쓰는 존 던바

삶이란 진정 신비로운 거다.

죽으려고 한 건데 뜻밖에 영웅까지 됐다.

그날 내가 탔던 애마 시스코에게 감사한다.

회복되어 원하는 데로 보내준다기에

피비린내 나는 동부 전장을 멀리하고

대초원으로 둘러싸인 헤이즈 요새로 왔다.

카길 대위는 그림자도 안 보인다.

192

소식을 알리면 내가 본부로 돌아가는 길밖에 없지만
차라리 궁금해하며 요새를 지키기로 했다.
늑대 한 마리가 요새를 맴돌고 있다.
시스코만 괜찮다면 저놈과 사귀고 싶다. 벌써 이틀째 온다.
앞발목이 하얘서 '하얀 발'이라고 부르기로 했다.

존 던바는 자신이 파견된 지역의 원주민인 인디언 '수우족'을 만나게 되고 자연과의 조화로운 삶을 영위해가는 그들의 문화를 접하며 경외심을 갖게 됩니다. 그러면서 그는 한 마리 늑대와 친해지고, 인디언들은 그에게 '늑대와 춤을'이라는 인디언식 이름을 붙여줍니다. 수우족의 전사로 다시 태어난 그는 이제 부족의 아녀자를 보호하고 식량을 사냥해오는 부족의 한 일원으로 살아가기로 합니다. 3D 영화의 신기원을 보여준 「아바타」의 이야기 구조와 매우 흡사하다고 할 수 있습니다.

수우족의 전사가 된 존 던바

"기적 같은 나날이다. 다만 신에게 감사할 뿐이다.

사냥은 그만하면 됐다. 필요한 만큼 고기를 얻었다.

사흘 동안 말 여섯 필을 잃고 세 명이 다쳤다.

이토록 잘 웃고 가족과 이웃에게 헌신적인 사람들을 본 적이 없다.

한 마디로 '조화' 그 자체이다."

위 내레이션은 주인공이 인디언들과 버팔로 사냥을 같이한 후 나오는 것입니다. 존 던바는 사냥의 과정과 결과를 간단하게 설명하면서, 그들의 삶에서 발견한 조화라는 가치를 언급하고 있습니다. 이는 주인공의 성찰이자, 영화의 주제를 직접적으로 드러내는 것입니다.

_ 극영화 「쇼생크 탈출The Shawshank Redemption」

주인공 앤디(Andy)의 친구, 레드(Red)의 '3인칭 관찰자 시점' 내레이션

휴식시간에 맥주를 마시는 레드

194

그렇게 해서

작업이 끝나기 전날

1949년 봄에 지붕 보수 작업을 했던 죄수들 모두는

아침 10시에 한 줄로 나란히 앉았고

쇼생크 교도소 역사상 최고로 고약했던 간수가 제공한

얼음처럼 차가운 맥주를 마시게 되었다.

관대하기도 했지. 그 악질 간수장.

우린 마치 자유인(freeman)처럼 앉아서 햇빛을 받으며 마셨다.

꼭 우리 집 지붕을 고치고 있는 기분이었다.

우린 부러울 게 없었다.

그런데, 앤디는

휴식시간 동안 그늘에 앉아서는

뜻 모를 미소를 지으며

우리가 자기 맥주를

마시는 걸 지켜보고 있었다.

간수에게 잘 보이려고 그랬을까?

아니면, 우리 중에 친구를 만들기 원했을까?

내 생각은?

그는 평범했던 자신으로 돌아가고 싶었던 게 아닐까?

아주 잠시만이라도.

치밀한 구성과 사실적 묘사 덕분에 이 영화는 사람들로부터 "실화가 아닌가?"라는 오해를 받았습니다. 하지만 실화는 아닙니다. 미국의 유명한 극작가인 스티븐 킹(Stephen Edwin King, 1947~)의 중편 소설 「리타 헤이워드와 쇼생크 탈출Rita Hayworth and Shawshank Redemption」이 원작이지요. 주인공 앤디(Andy)는 아내를 살해했다는 누명으로 종신형 판결을 받고, 악명 높은 쇼생크 감옥으로 오게 됩니다. 레드(Red)라는 흑인은 그보다 훨씬 전인 자신의 젊은 시절 실수 때문에 쇼생크에서 살게 된 종신형 죄수입니다. 앤디와 레드는 여러 가지 위기와 경험을 함께 공유하면서 서로를 의지하는 친구가 됩니다. 둘 사이에 차이가 있다면 흑백이라는 피부색, 그리고 희망에 대한 생각입니다. 앤디는 어떤 희망을 계속 꿈꿨고, 레드는 앤디의 그런 생각이 부질없는 것이라고 여깁니다.

꿈을 포기하지 않고 조금씩 탈옥을 준비했던 앤디는 결국 쇼생크 감옥의 똥구덩이 터널을 통해 감옥을 탈출하여 자신이 그토록 꿈꾸던 태평양의 작은 섬 '지후아타네오'에 가게 됩니다. 연거푸 가석방이 연기됐던 레드 역시 백발의 할아버지가 되어서야 자유의 공기를 마시게 되어 앤디가 먼저 가 있는 그 섬으로 찾아갑니다. 이 작품의 주제는 '우정, 자유, 그리고 희망'입니다. 쇼생크 감옥의 그 길고 지루한 시간을 앤디보다 훨씬 오래전부터 견뎌온 레드의 관찰자적 내레이션은 이 주제를 가장 선명하게 표현할 수 있었던 시선이 아닐까요?

여러 인물의 마음속 생각을 담은 내레이션

텔레비전 게임을 하고 있는 아이들

아이가 아이였을 때 질문의 연속이었다.

왜 나는 나이고 네가 아닐까?

왜 난 여기에 있고 저기가 아닐까?

시간은 언제 시작됐고 우주의 끝은 어디일까?

이 세상에서 사는 것은 꿈이 아닐까?

보고 듣고 냄새 나는 모든 것이 단지 환상이 아닐까?

악이 정말 존재할까? 정말 나쁜 사람이 있을까?

내가 내가 되기 전에는 대체 무엇이었나?

언젠가 나란 존재는 더 이상 내가 아닐까?

'카메라가 사람의 눈이 된다'는 필자의 생각에 가장 잘 부합하는 영화가 독일 영화 「베를린 천사의 시Der Himmel über Berlin」(빔 벤더스, 1987)라고 생각합니다. 작품 속에 우리가 살펴봤던 시점 샷이 상당히 많이 등장하기 때문입니다. 차분하게 관조하며 철학적인 냄새를 물씬 풍기는 흑백 화면이 지속되면서 강렬한 컬러 장면이 문득문득 등장하는 이 작품의 주인공은 베를린에 사는 천사입니다. 영화 속 대부분의 샷은 천사가 바라보는 세상과 그 속에 살고 있는 인간들의 모습을 보여주는 천사의 시점 샷입니다. 순수한 마음을 가진 아이들은 천사를 볼 수 있기에 아이들은 카메라를 응시합니다. 천사와 눈이 마주치는 것이지요. 카메라를 보면서 미소를 짓는 아이들의 모습은 보는 이의 마음마저 잠시나마 천사처럼 순수하게 만들어줍니다.

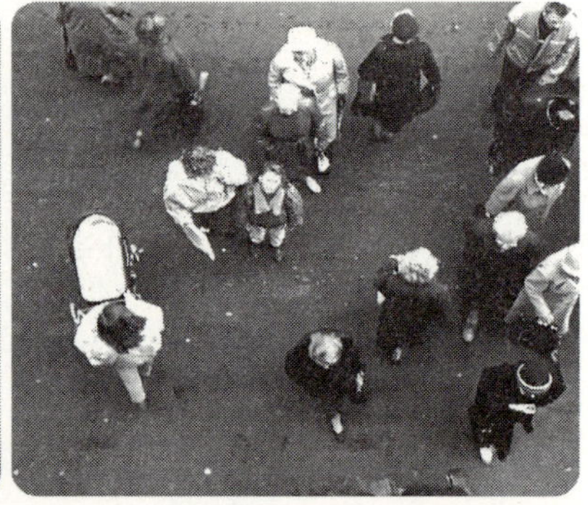

어른들은 바쁘게 제 갈 길을 가고 있는데, 한 아이가 발걸음을 멈추고 건물 위에서 아래 사람들을 내려다보고 있는 천사를 바라보고 있다.

천사 '다니엘'과 그의 동료들은 세상의 가정집, 산모가 탄 응급차 안, 오픈카를 파는 전시장, 진득한 학구열 속의 도서관 등 도시의 이곳저곳을 돌아다니면서 사람들의 마음을 읽습니다. 각 사람들의 얼굴이나 행동이 보이면서 그 마음 속 생각이 각자의 1인칭 내레이션으로 표현됩니다. 예를 들어 지하철을 탄 천사의 눈은 승객들 한 명 한 명의 모습을 트랙킹 샷(tracking shot)[39]으로 비추며 내레이션으로 그들의 마음을 표현합니다. 절망의 늪에 빠진 한 남자의 생각은 옆자리에 앉은 천사 다니엘의 따뜻한 손길로 긍정적인 방향으로 바뀌게 됩니다. 마치 마술처럼요.

[39] '트랙킹 샷'이란 카메라를 트랙 같은 곳에 설치하거나, 휠체어 등에 실어서 촬영하는 기법으로 인물이나 물체의 움직임을 따라가면서 촬영할 때 많이 쓰인다.

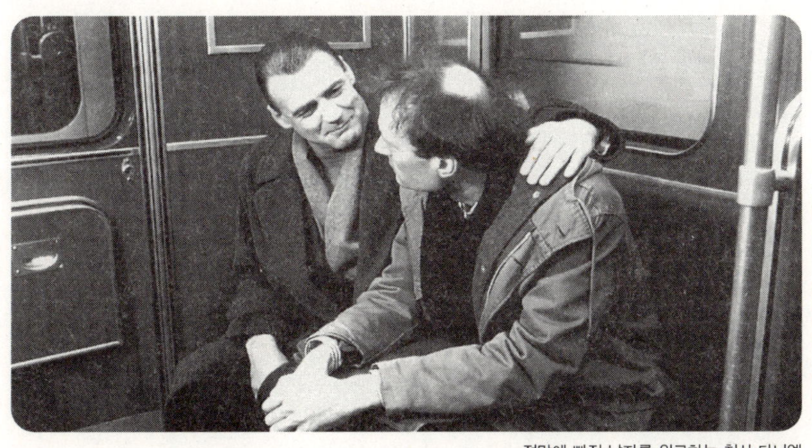

절망에 빠진 남자를 위로하는 천사 다니엘

"난 이제 파멸이야. 거울 속의 날 때리고 싶어.

아냐, 아직 괜찮아.

난 아직 살아 있어. 이대로 주저앉을 수는 없어.

또한 가끔 현재 화면에서 과거에 찍혔던 실제 상황을 담은 장면이 나오기도 합니다. 이것은 지금 천사가 마음을 읽고 있는 어떤 사람의 기억을 표현하는 것이지요. 이렇게 영화라는 예술은 사람의 '시선'과 '기억'을 카메라의 '눈'과 '내레이션'과 '자료화면' 등으로 표현하면서 관객과 소통합니다.

Frederick Wiseman

Robert Flaherty

IV강

다큐멘터리를
만들면서
생각해볼 것들

자료화면의 재연 기능

⬣ 재연(再演)이란 한 번 하였던 행위나 일을 되풀이하는 것을 말합니다.

주로 과거의 일을 묘사하는 것인데요, 영상물에서는 실제 벌어졌던 사건을 재구성하여 시청자들에게 보여주는 '재연' 화면이 종종 등장합니다. 여러분이 즐겨 보는 '신비한TV 서프라이즈'에도 재연 장면이 나오지요. 범죄 장면이나 개인의 특별한 경험을 다루는 데도 재연이 사용됩니다. 요즈음에는 여러 가지 소재를 다루는 재연 드라마도 많지요.

⬣ 다큐멘터리도 재연 기능을 활용합니다.

필자의 작품 「나의 아버지」 중에 "1·4후퇴 때 할아버지와 아버지, 작은 아버지 이렇게 세 분만 내려와서 안 해본 일이 없다고 한다"라는 내레이션이 나올 때 흑백 동영상 화면이 등장합니다. 한국전쟁에 관련된 다큐멘터리에 흔하게 등장하는 자료화면을 작품에 삽입한 것이지요.

⬣ 물론 화면 속 미군의 군화를 닦고 있는 아이는 필자의 아버지가 아닙니다.

하지만 그 다음 장면에 아버지의 소년 시절 사진이 나오기 때문에 관객들은 이 두 명의 다른 사람을 동일인물로 착각하게 됩니다. 설사 동일인물이 아님을 알고 있을지라도 화자가 말하는 실향민 아버지가 '한국전쟁 때 피난을 내려와서 저런 삶을 살았겠구나' 하고 짐작할 수도 있습니다. 이렇게 자료화면은 일종의 재연 기능을 합니다.

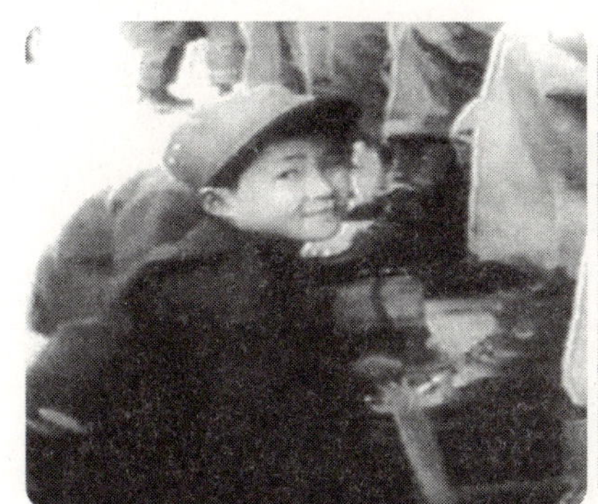

미군의 군화를 닦고 있는 아이(좌)와 아버지의 어린 시절(우)

재연과 재현

⊙ 다큐멘터리에서 과거의 상황을 배우의 행동으로 묘사하는 것을 '재연'이라
고 합니다.

앞에서 함께 살펴본 내용이지요. 그런데 헷갈리는 단어가 하나 있어
요. 바로 '재현'이라는 단어입니다. 재연과 재현은 무엇이 다를까요?
한자로 풀어보면 쉽게 구분이 됩니다. 재연(再演)은 한자의 뜻 그대로
'한 번 행하였던 일을 다시 되풀이 함'이라는 의미입니다. 우리가 자
주 접하는 범죄 관련 뉴스에서 범인이 현장 검증을 통해 자신이 했던
범행을 수사관들 앞에서 다시 해보는 것, 그것이 바로 재연입니다.

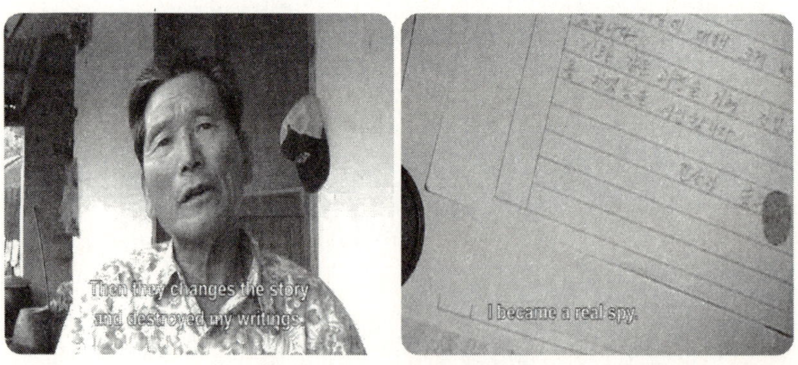

인터뷰로 증언하는 인물(허현 님)의 기억이 그의 시점 샷으로 재연되고 있는 장면

◐ 재연 촬영은 다큐멘터리에서 인터뷰나 자료조사를 통해 얻어진 내용을 바탕으로 관객들에게 상황을 직접적으로 묘사해서 보여주는 것입니다.

필자가 연출했던 다큐멘터리 영화 「무죄」에서는 주인공 박동운 님과 그의 가족들이 경험했던 기관의 불법구금과 가혹행위, 간첩으로 조작하는 과정, 교도소 생활 등을 재연했습니다. 재연 촬영은 일종의 극영화적인 문법을 갖고 있기 때문에, '시점 샷' 등을 활용하여 관객들의 집중도를 증폭시킬 수 있습니다.

「히로시마 내 사랑」 중에서

◐ 한편, 재현(再現)은 사물이나 현상이 다시 나타나는 것을 말합니다.

불에 타버린 숭례문을 고증 작업을 통해 수리해서 화재 전의 모습으로 복구하는 것이 재현입니다. 「히로시마 내 사랑Hiroshima mon amour(Hiroshima, My Love)」(1959)이라는 영화의 앞부분에는 1945년 원자폭탄이 떨어진 히로시마의 처참한 상황을 보여주는 자료화면도 많

207

이 나오지만, 당시의 아비규환 같은 상황을 재연하는 배우들의 모습
도 나옵니다. 이 영화를 만든 알랭 레네(Alain Resnais, 1922~) 감독은 실
제 장면과 재연 장면을 뒤섞어서 전쟁의 피해로 신음하는 사람들의
모습을 스크린에 '재현'한 것입니다.

얼굴의 권리 : 다큐멘터리 속 인물의 초상권

◎ 다큐멘터리 영화에 등장하는 인물을 우리는 '사회적 배우'라고 부른다고 했습니다.

엄연히 스크린 밖, 우리가 살아가는 사회에서 함께 살아가고 있거나 실제 존재했던 인물이기 때문입니다. 그의 삶이 만약 영화 때문에 방해를 받는다면, 혹은 이 글을 읽고 있는 여러분의 얼굴이 세상 여기저기에서 허락 없이 돌아다닌다면 기분이 어떨까요?

◈ 우리 각자에게는 얼굴의 권리가 있습니다.

아무도 내 얼굴의 이미지를 다른 사람의 마음대로 사용할 수 없습니다. 우리가 텔레비전이나 신문, 전단지 등에서 쉽게 볼 수 있는 연예인들은 어떤 작품과 출연 계약을 맺었거나 어떤 제품을 광고하는 회사와 계약을 맺었습니다. 또한 정치인이나 나름대로 공인이라고 인정받는 사람들의 경우에는 그들의 일 자체가 공공적인 것이기 때문에 뉴스와 각종 매체에 등장하게 되는 것입니다.

하지만 그런 생활과 거리가 먼 보통 사람들의 얼굴이 카메라에 담겨서 불특정 다수에게 공개되는 것은 그 사람의 사생활을 침해하는 것입니다.

특히 어떤 사진이나 영상에서 어떤 사람의 신분이 드러나 불이익을 얻게 된다면 심각한 인권침해라고 말할 수 있겠지요. 그렇기 때문에 카메라를 들고 세상에 나가서 사람을 담고자 할 때에는 항상 이 점을 명심하고 REC 버튼을 눌러야 합니다. 카메라의 REC 버튼이 빨간색으로 되어 있는 것은 그런 점을 충분히 고려해서 함부로 누르지 말라고 경고하는 일종의 상징이 아닐까요?

필자는 직업이 다큐멘터리 감독인데도 카메라를 잘 갖고 다니지 않습니다. 또 사람을 촬영할 일이 생기면 반드시 그분의 허락을 먼저 구합니다. 허락도 없이 촬영하고, 동의도 구하지 않고 페이스북이나 트위터 같은 SNS에 사진을 올리는 행위는 매우 무례한 행위니까요. 여러분은 그런 몰지각한 사람이 아니길 바랍니다. 만약 그런 적이 있다면 앞으로는 꼭 촬영 대상에게 허락을 구하고 어떻게 활용될 것인지 미리 밝히는 것이 좋겠습니다.

함부로 사진 찍지 말라고 경고하며 턱을 긁는 졸리

표현의 자유 : 어디까지가 명예훼손일까요?

◐ 다큐멘터리 영화를 만들 때 카메라에 담기는 모든 인물, 또는 자료화면 속
에 등장하는 모든 사람에게 허락을 구해야 할까요?

반드시 그렇지는 않습니다. 만약에 그렇게 해야 한다면 사회의 부조
리를 파헤치고 고발하는 다큐멘터리는 제작 자체가 불가능할 것입니
다. 매일 같이 만들어지고 방송되는 뉴스의 화면들은 신속성과 시의
성이 중요한데 화면 속 한 명 한 명에게 허락을 구해야 한다면 뉴스
제작이 어려워질 수도 있겠지요?

◐ 가령 태풍과 같은 천재지변 속보를 전하기 위해 위험을 무릅쓰고 현장에
나가 있는 촬영 카메라맨과 리포터가 카메라에 담기는 모든 사람에게
일일이 허락을 받을 수는 없을 것입니다.

비리를 저지르고 해외로 도피하는 정치인이나 권력자들에게도 알량
한 초상권이 있을 수 있지요. 하지만 그것은 사적인 영역에 있을 때
주장할 수 있는 것이고, 공적인 문제와 결부되어 있을 때에는 공공의
목적을 위해 그들의 얼굴을 촬영할 수 있다는 게 상식입니다.

「진실의 문」 중 법의학 토론회 장면

○ 필자가 2004년에 연출했던 다큐멘터리 영화 「진실의 문The Gate of Truth」에도 이 같은 장면이 나옵니다.

여러 사람의 법의학자들이 김훈 중위라는 장교의 사망 원인을 두고 설전을 벌이는 상황을 모자이크 처리 없이 넣었지요. 1998년 판문점에서 사망한 김훈 중위의 사인에 대해 국방부는 '자살'이라고 발표했고, 여러 명의 법의학자들이 국방부의 발표를 옹호하는 발언을 했습니다. 재미법의학자 노여수라는 사람만 유일하게 '타살'을 주장하면서 과학적 근거들을 제시했지만, 그를 제외한 대다수가 설득력 있는 논거 없이 밀어붙이기 식으로 김훈의 사인을 '자살'로 결론짓습니다. 물론 필자는 김훈이 타살되었다고 보고, 그런 관점에서 「진실의 문」을 만들었습니다.

🔅 훗날 이 자료화면을 입수한 필자는 작품에 몇몇 장면을 넣었습니다.

국방부가 주장하는 황당한 자살 주장의 민낯을 여과 없이 관객들과 공유하고 싶었기 때문입니다. 그런데 혹시나 자살이라 말하는 법의학자들이나 국방부로부터 명예훼손으로 고발당할지 몰라 걱정이 되더라고요. 그래서 변호사에게 자문을 구했습니다. 변호사는 "위법성이 조각된다"라는 말로 저를 안심시켜 주었습니다. 위법성 조각(違法性阻却)이라는 법률 용어를 쉽게 풀자면 "정당한 사유가 있을 때 위법은 없다"는 뜻입니다. 더 자세히 말하자면 "명예훼손에 해당하는 경우라도 진실한 사실로서 오로지 공공의 이익에 관한 때에는 처벌받지 않는다"는 것입니다. 허위인 사실을 알려 다른 사람의 명예를 저하시키는 행위가 명예훼손죄로 처벌 받는 것에 의문이 없지만, 진실한 사실을 순전히 공공의 이익을 위해서 알린 경우까지 처벌하게 되면 헌법상에 보장된 표현의 자유와 알 권리가 부당하게 제약을 받게 된다는 이야기입니다.[40] 조금 까다로운 이야기지요?

40 ▸ 법률신문, 법률상담 사례 「형사소송」 명예훼손죄의 위법성조각사유 http://www.lawtimes.co.kr

작품이라는 생명 : 저작물의 권리

힘겹고 고통스러운 과정을 겪으면서 작품을 완성하고 나면, '배급'이라는 또 하나의 산을 만나게 됩니다.

아마 집에서 혼자 보려고 영화를 만드는 사람은 없을 것입니다. 모든 예술 장르는 관객이라는 제3의 대상이 있어야 비로소 완성되는 불완전 개체입니다. 때로는 관객에게 외면당하고, 때로는 비난을 받는 작품도 있지만, 그것 역시 작품과 관객이 만나서 발생한 결과의 하나입니다. 일단 만들어진 영화는 최소한의 상영 기회를 보장 받아야 합니다.

영화라는 매체는 산업적, 상업적 성격이 매우 강합니다.

매해 수백 편의 작품들이 만들어지거나 수입되어서 영화관에 걸리지요. 그리고 사람들은 자신이 보고 싶은 영화에 기꺼이 돈을 내고 관람합니다. 요즘에는 영화관뿐만 아니라 공중파나 케이블 텔레비전, 인터넷 등을 통해 다양한 형태로 콘텐츠가 제공됩니다. 선택의 폭이 크게 확장된 것이죠. 하지만, 지극히 상업적이고 자극적인 영화들이 대부분이라 그 질적인 깊이를 따지는 것은 때로 무의미해 보입니다.

◑ 소규모 독립영화들의 배급 상황은 늘 열악합니다.

그래서 종종 다른 길을 택하지요. 각종 영화제를 통해 소수의 관객과 만나는 게 대부분입니다. 물론 반응이 좋으면 훗날 영화관 개봉을 기대할 수도 있어요. 하지만 이것은 그야말로 하늘의 별따기입니다. 대기업에서 운영하는 멀티플렉스에서는 그곳과 연관된 제작사가 만든 블록버스터급 영화를 틀어서 돈 벌기 바쁘기 때문이지요. 이렇듯 작은 영화를 상영할 수 있는 공간들을 한정되어 있습니다. 덕분에 하나의 작품이 탄생되었다고 해도 제대로 걸어보지도 못한 채 영영 작업자의 컴퓨터 속에서 잠이나 자게 되는 운명을 맞게 됩니다. 이것은 작품을 만든 작가와 스텝들의 불운일 뿐만 아니라 모든 사람의 불행이기도 합니다. 이런 구조 속에서는 다양한 문화를 누리지 못하게 되니까요.

◑ 독립다큐멘터리의 경우, 작가 자신도 모르는 사이 화면을 도용당하는 경우가 왕왕 발생합니다.

사정이 어떤지 살펴볼까요? 방송국 뉴스에서는 매일 시의성 있는 보도물을 만들어내느라 정신이 없습니다. 그래서 직접 현장에 나가 전문가의 인터뷰를 촬영하기도 하고, 그와 관련된 다양한 자료화면을 구해 활용합니다. 이때 방송국끼리는 협약을 맺고 서로가 생산하거나 소장하고 있는 자료화면을 공유합니다. 내부 촬영 자체에 인건비가 들기도 하거니와 외주 제작사를 이용한다고 해도 작업비가 따로 나가므로 방송국에서는 제작비 절감 차원에서 종종 자료화면을 사용하는 것이지요. 그런데 이 와중에 방송사들이 독립다큐멘터리의 화면을 무단으로 사용하는 사고가 벌어집니다. 분명 저작권의 침해인데도 말입니다.

 만약 여러분이 촬영하거나 연출한 다큐멘터리의 일부가 허락도 없이 방송을 탔다면 어떻게 해야 할까요?

물론 직접 해결하는 것도 좋습니다. 하지만 아직 경험이 부족한 만큼 '한국저작권위원회'라는 곳을 이용해보시는 게 더 좋을 것 같습니다.[41] 필자에게도 그런 경험이 있어요. 2013년 초 모 케이블 방송국에서 필자의 작품 「진실의 문」, 「사랑할 수 없는 시간」의 장면들을 제동의 없이 사용한 적이 있습니다. 지인으로부터 저작권위원회를 소개받았고, 그 후 위원회의 분쟁조정 과정을 통해 비교적 원만히 해결할 수 있었습니다. 개인이라고 해서 어떤 기관의 잘못된 관행에 아무런 문제제기 없이 넘어가다 보면 그것이 관행이 되어 힘없는 개인들이 항상 이용당하는 슬픈 일이 벌어지게 마련입니다. 작품이라는 생명의 권리는 작가 자신의 자존심이기도 합니다. 그러니 "내 작품은 내가 알아서 지킨다!"는 굳건한 의식이 필요하겠지요?

41 한국저작권위원회(https://www.copyright.or.kr) 분쟁조정신청시스템에 해당 저작권위반 사실을 등록하면, 위원회는 위반자에게 해당 사실을 통보한 후 두 당사자를 출석시켜서 법과 조리에 맞고 실정에 합당한 수준으로 분쟁을 해결할 수 있도록 도와준다.

관계 맺기

⚙ 인물에 관한 다큐멘터리를 만들려고 할 때 가장 어려운 것은 무엇일까요? 바로 촬영 대상이 되는 인물과 카메라를 들고 있는 나의 관계를 어떻게 설정하느냐 하는 문제입니다. 물론 사회적 배우와 관계 맺기가 필요한 작품만을 다큐멘터리라고 말할 수는 없습니다. 자료화면으로만 구성하는 작품[42]도 있을 수 있고 동물이 주인공인 자연 다큐도 있습니다. '공공의 적'처럼 사람이나 기관을 고발하는 경우에는 이러한 관계 맺기가 중요하지 않을 수도 있고요. 하지만, 대부분의 다큐멘터리에는 지구에서 우리와 함께 숨 쉬며 살아가고 있는 사람이 사회적 배우로 출연하게 됩니다.

[42] 이러한 유형의 다큐멘터리를 '편찬 다큐멘터리'라고 부르기도 한다.

⚙ 촬영 대상이 되는 사회적 배우는 우리 자신과 똑같은 평범한 사람입니다. 그래서 카메라를 든 나와 미묘한 신경전이 생길 수도 있어요. 최악의 경우에는 촬영 거부 사태까지 벌어질 수도 있습니다. 그렇기 때문에 카메라를 든 사람은 사회적 배우와의 관계를 항상 생각하면서 촬영에 임해야 합니다. 사회적 약자를 주인공으로 할 때에는 그(또는 그들)

과 같은 자리에서 그들의 처지를 대변할 수 있는 목소리를 내는 것이 중요합니다. 그래야 카메라를 매개로 이루어진 관계에 신뢰가 생기고, 작품을 뛰어넘어 인간 대 인간으로서 진정한 관계 맺기를 할 수 있으니까요. 관계 맺기가 잘 되었는데도 관객과 소통하지 못하는 작품도 간혹 있을 수 있습니다. 하지만, 잘 만들어진 작품 중에 관계 맺기가 잘 안 된 작품은 거의 없답니다.

다큐멘터리라는 타임캡슐

◯ 바야흐로 백 년 인생 시대가 되었습니다.

끝없이 발전하는 의학기술 덕분이지요. 하지만 결국 우리 모두는 '시간이 되면' 떠나게 됩니다. "호랑이는 죽어서 가죽을 남기고, 사람은 죽어서 이름을 남긴다"고 했던가요? 그러나 우리, 즉 필자나 다큐멘터리 만들기에 관심이 많은 여러분처럼 카메라를 손에 든 사람은 영상이라는 기록을 남깁니다. 1895년 영화가 탄생하기 이전에도 인류가 남긴 이미지 기록은 많습니다. 동굴 벽화도 있고, 대상을 복사한 것처럼 그린 그림도 있고, 사진도 있습니다. 하지만 영상 기록은 조금 다릅니다. 일정한 시간대, 정지하지 않고 움직이는 시간을 담아냄으로써 일종의 시간 여행을 가능하게 하니까요.

◉ 다큐멘터리의 한 프레임 한 프레임 안에는 인류의 문화가 담깁니다.

다큐멘터리가 전하고 있는 이야기나 전달하려는 주제를 떠나서 보아도 그렇습니다. 다큐멘터리 안에는 그 시대의 건축 양식, 사람들의 의복 문화, 음식 문화, 주고받는 말투나 언어 습관 등 인류의 의식주를 비롯한 정신세계가 영상을 통해 고스란히 전해지거든요. 세트 안에서 촬영되는 드라마나 SF 영화도 마찬가지입니다. 영화에 사용되는 소품이나 공간적 배경은 인위적으로 만들어졌지만 그것들마저도 그 시대 문화의 반영물이라는 점은 분명합니다. 기록적 가치는 바로 이런 면에서 발생하는 것이고요. 배우가 입고 있는 의상, 앉아 있는 의자, 살고 있는 집, 그들이 거니는 거리의 풍경들, 그들이 나누는 대화, 즐겨 찾는 맛집이나 카페…… 어떤가요? 그래요, 우리가 현실에서 흔히 마주칠 수 있는 것들입니다. 이 모든 것을 우리는 문화라고 부릅니다.

단편 다큐멘터리 「기억하는 공간」 (김희철, 2009)

낡았다고 간주되는 것을 갈아엎어 새로운 것을 세울 때, 거기 깃든 기억과 추억은 무시되고 사라집니다.

사람들은 이런 일을 할 때 흔히 '공공의 이익'을 말합니다. 하지만 사실 이런 일은 어떤 공간이나 건물, 혹은 구조물에 배어 있는 사람들의 추억을 철저히 무시한 결과입니다. 여러분이 뉴스에서 보고 들었

220

듯 서울 동대문 운동장이 그렇게 무너졌고, 종로3가의 '낙원 삘딩'도 곧 그렇게 무너질 것입니다.

여러분, 우리 주변의 공간들, 그리고 그 속에서 삶을 이어가고 있는 사람들을 잘 관찰하기 바랍니다.

애정과 관심을 가지고 바라보세요. 그리고 카메라에 한 컷이라도 더 담아보기 바랍니다. 먼 훗날 그것이 가지게 되는 가치는 감히 금전으로 환산할 수 없을 만큼 클 것입니다. 그것이야말로 공공의 이익이자 재산이자 문화의 총체가 될 테니까요. 다큐멘터리는 바로 이런 면에서 인류가 공유해야 할 공공의 문화재라고 말할 수 있습니다.

Shinsuke Ogawa

V강

이 다큐멘터리 한번 보실래요?

북극의 나누크(Nanook of the North, 로버트 플래허티, 1922, 미국·프랑스)

◑ 이 영화는 '나누크(곰이라는 뜻)'라는 에스키모인이 그의 가족, 동료들과 척박하고 가혹한 북극의 기후에 맞서 살아가는 모습을 관찰한 것입니다.

얼음을 깨고 작살 하나로 이루어지는 물고기 사냥, '북극의 호랑이'라고 불리는 무게 2톤짜리 바다코끼리와 사투를 벌이는 모습, 극심한 배고픔을 억누를 수 없어서 날고기를 칼로 베어 먹는 나누크와 동료들……. 에스키모인의 전통적 생활양식을 가식 없이 보여주는 영화이지요.

◑ 꼬맹이 아들에게 북극곰 사냥 기술을 가르쳐주는 아버지 나누크.

그는 아들의 고사리 손을 자신의 뺨에 대어 온기를 느끼게 해줍니다. 바다코끼리 엄니로 만든 칼로 능숙하게 얼음을 자르고 1시간 만에 이글루 집을 뚝딱 만들어내는 건축가 나누크는 햇빛의 방향을 예측하여 창문에 반사판 얼음까지 붙이는 생활의 과학자이기도 합니다.

눈으로 만든 아기곰 사냥 연습을 끝낸 후, 차가워진 아들의 손을
자신의 뺨이 가진 열기로 녹이고 있는 아버지 나누크

나누크와 친구가 된 로버트 플래허티 감독은 원래 북극을 자주 탐사해야 했던 광물업자였습니다.

그는 서구 문명에 의해 파괴되는 에스키모 문화에 대해 안타까움과 죄책감을 함께 가지고 있었습니다. 이러한 따뜻한 마음을 원동력으로 그는 온갖 역경을 이겨내면서 영화를 완성합니다. 그는 이렇게 말합니다. "나는 백인이 토착민들의 인격과 민족성을 파괴하는 가해적 행위보다는 에스키모인들이 지닌 성품과 민족성을 우선적으로 제시하고 싶다. 참회의 심정과 토착문화에 대한 경외심을 갖고 있다. 나는 그들의 이야기를 온 세계에 알리고 싶었을 뿐이다."

로버트 플래허티가 남긴 말을 통해 우리는 그가 왜 나누크의 삶을 기록하기로 결심했는지, 어려움을 감수하면서 굳이 영화로 만들었는지 이해할 수 있습니다.

더 나아가 탐험가로서 서양문명의 첨병에 섰던 그가 자연과 조화롭

게 살아가는 에스키모인들의 문화를 파괴하는 데 앞장섰다는 점을 반성하고, 깊이 성찰하는 마음도 읽을 수 있습니다.

노년의 로버트 플래허티 감독

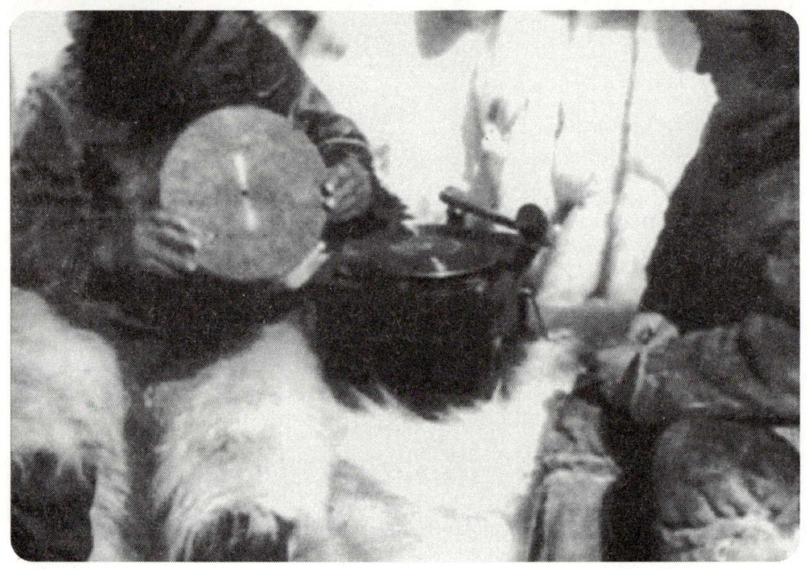
이게 뭐지? 새로운 문물을 접하는 나누크

🔅 나누크가 서구의 새로운 문물(축음기, 음반 원판 등)을 처음 접하는 순간입니다. 음반을 깨물어보고 있네요. 사실은 나누크가 이런 문물들에 대해서 훨씬 전에 알고 있었지만, 플래허티 감독의 요구에 따라 마치 처음 보는 것처럼 연기한 것이라는 뒷이야기도 있습니다. 그렇다면 여러분은 궁금해지겠지요? "어, 그럼 이건 다큐멘터리가 아니라 극영화 아닌가요?" 하고 말입니다. 이러한 논란은 실제로 여러 장면에 걸쳐 진행됩니다.

226

◉ 이 장면은 나누크와 그의 가족이 열심히 만든 이글루 안에서 생활하는 모습입니다.

카메라가 이글루 안에 들어가서 촬영한 것일까요? 아닙니다. 이글루의 반을 무너뜨린 다음 태양빛으로 충분한 조명을 받으면서 촬영한 것입니다. 이때에는 당연히 전기도 없었고, 마땅한 조명기구도 없었어요. 이글루 안에서 먹고 자고 의복을 갈아입는 에스키모인의 생활양식을 보여주기 위해 플래허티 감독은 나누크 가족에게 양해를 구하고 이글루의 절반을 무너뜨렸을 것입니다. 일종의 촬영세트라고 할 수 있겠지요?

◑ 다큐멘터리가 사실을 있는 그대로, 백 퍼센트 그대로 촬영한다는 것은 착
각입니다.

글쎄요, 한번 생각해볼까요? 있는 그대로, 소위 '객관적'으로 촬영한
다는 것이 가능할까요? 사람은 모두 주관적입니다. 저마다 자신의 생
각이 있고, 그것에 따라 영상을 표현하고, 작품을 만들지요. 따라서
촬영이나 편집에도 작가 또는 감독의 주관이 들어가게 마련입니다.
다큐멘터리도 엄연히 사람이 만드는 것이기에 감독이 전달하려고 하
는 주제가 있을 테고, 또 그것을 효과적으로 전달하기 위해 다양한
방법을 구사하겠지요. 하지만 그것이 너무 지나치면 비난을 받게 됩
니다. 조작이 되어버리니까요.

◑ 「북극의 나누크」에도 사람들의 비난을 받을 만한 장면이 나옵니다.

몸무게가 자그마치 2톤이나 되고, 철갑처럼 두꺼운 가죽과 날카롭고
굵은 엄니로 무장한 '북극의 호랑이' 바다코끼리를 사냥하는 장면이
지요. 이때에는 이미 나누크를 비롯한 에스키모인들이 사냥할 때 총
을 사용하고 있었거든요. 하지만, 에스키모인 고유의 전통문화를 관
객들에게 보여주고 싶었던 플래허티는 위험하기 짝이 없는 작살사냥
을 나누크와 친구들에게 부탁했습니다. 영화의 앞부분에 나오는 자
막에 드러나듯 "그들의 친절함과 신뢰, 그리고 인내"가 없었다면 「북
극의 나누크」는 탄생하지 못했을 것입니다.

의지의 승리(Triumph des Willens, 레니 리펜슈탈, 1935, 독일)
& 밤과 안개(Nuit Et Brouillard, 알랭 레네, 1955, 프랑스)

「의지의 승리」 중에서

🌀 1강에서 살펴봤던 레니 리펜슈탈 감독의 「의지의 승리」는 분명한 목적이 있는 선동영화이자 정치영화입니다.

지금은 고인이 된 리펜슈탈 감독은 이에 대해 순수한 의도였다고 말했지만, 결과적으로 그녀가 만든 영화는 독재자 히틀러를 찬양하는 영화였어요. 전쟁이 끝난 후 레니는 결국 영화계에서 추방 당했고, 그

녀는 전 세계를 떠돌며 사진을 찍는 예술가로 활동하다가 고령의 나이로 생을 마감합니다.

영화의 맨 처음, 마치 신성한 존재임을 상징하듯 히틀러가 탄 비행기가 하늘의 구름 속을 뚫고 나옵니다.

이어 비행장에 상륙한 히틀러에게 환호하는 군중들의 표정은 그야말로 열광적입니다. 히틀러가 탄 자동차는 도로 양옆을 꽉 메운 독일인들의 대대적인 환영을 받으며 호텔에 도착합니다. 지도자를 위한 꽃다발을 전해주는 아이와 엄마의 얼굴은 독일인들에게 히틀러가 어떤 존재인지를 여실히 보여줍니다.

Heil Hitler!"를 외치는 군중에게 답례하는 히틀러

🔅 카메라는 히틀러의 시선, 그리고 그를 바라보는 군중의 시선을 번갈아 오갑니다. 히틀러를 촬영할 때는 아래에서 위로, 반대의 경우에는 위에서 아래로 앵글을 잡습니다. 이것은 히틀러를 위대한 사람으로 우상화시키고, 군중은 지도를 받아야 하는 하등한 존재로 보이게 하는 아주 교묘한 촬영기법입니다. 리펜슈탈 감독은 이러한 영상언어를 잘 이해하고 있었기에 히틀러가 영도적인 지도자의 모습으로 대중에게 비춰질 수 있도록 촬영과 편집에 신경을 썼지요.

「인생은 아름다워」(좌)와 「의지의 승리」의 도입부 차량 도열 장면(우)

🔅 많은 사람들이 보고 눈물을 흘린 영화, 「인생은 아름다워」를 떠올려보세요. 이탈리아의 배우인 로베르토 베니니가 주연과 감독을 맡았던 「인생을 아름다워 La vita è bella(Life the Beautiful)」(1997)의 프롤로그에는 파시스트들의 경례 자세를 풍자하는 장면이 나옵니다. 이탈리아 역시 제2차 세계대전 당시 일본과 함께 독일 나치 편에 섰던 파시즘 국가였습니다. 이곳에서도 유태인에 대한 차별과 공격이 빈번히 발생했는데, 로베르토 베니니 감독은 아들을 위해 희생하는 유태인 아버지의 모

습을 코믹하면서도 감동적으로 그려냈어요.

◯ 독일인의 유태인 학살을 소재로 한 영화는 그 밖에도 많습니다.

일일이 거론하기 어려울 정도이지요. 「쉰들러 리스트Schindler's List」
(스티븐 스필버그, 1993), 「피아니스트Le Pianiste(The Pianist)」 (로만 폴란스
키, 2002) 등이 특히 기억에 남습니다. 아무래도 전 세계적으로 엄청
난 영향력을 행사하고 있는 유태인의 힘 덕분이기도 하지만, 독일 나
치가 저지른 만행은 영상으로 기록된 최악의 집단 범죄일 것입니다.
다큐멘터리에도 같은 맥락의 작품들이 있습니다. 「쇼아Shoah」 (클로드
란쯔만, 1985)[43], 「밤과 안개Nuit Et
Brouillard」 (알랭 레네, 1955) 등이 그
것인데요, 두 작품 모두 유태인 학
살을 직접적으로 다룬 다큐멘터리
작업으로서 후대 사람들에게 고발
과 경고를 뛰어넘어 추모와 성찰의
기회를 제공하고 있습니다.

43

쇼아는 히브리어로 '절멸(絕滅)'을 의미한다. 이
작품은 상영 시간만 9시간이 넘는 장편 다큐멘
터리 영화로서 연출자인 란쯔만 감독은 이 대
작을 만들기 위해 8년간 350시간이라는 인터
뷰 촬영을 진행했다. 작품은 제2차 세계대전 당
시 찍힌 자료화면이나 재연을 하나도 사용하지
않고 오직 강제수용소에서 살아남은 인물들과
나치 협력자 등의 인터뷰로만 구성되었다. 그들
의 기억에 머물러 있는 끔찍한 기억은 그 어떤
형태로도 온전히 재연될 수 없을 것이다.

다큐멘터리 영화 「쇼아」(좌)와 「밤과 안개」(우)

◑ 제2차 세계대전은 인류 전체에게 씻을 수 없는 상처를 남겼습니다.

그 이후에도 크고 작은 국지전이 벌어졌고, 지금 이 순간도 어디에선 가는 누군가의 심장을 향해 총알과 폭탄이 날아가고 있을 것입니다. 「밤과 안개」를 만든 프랑스 감독 알랭 레네는 인간의 폭력성이 언제 든지 출현할 수 있음을 경고하면서 당시 자국 프랑스가 알제리에서 벌이고 있던 식민지 전쟁(1954~1962)을 비판하기 위해 이 영화를 만들 었다고 합니다.

◑ 다큐멘터리 영화 「밤과 안개」는 대량학살과 생체실험이 있었던 아우슈 비츠 수용소의 빈 공간에서 시작됩니다.

아주 느린 트래킹 샷과 함께 레니 리펜슈탈의 「의지의 승리」 영상, 그 리고 독일군이 남긴 수용소의 각종 자료사진을 교차해서 보여주지요. 현재의 공간은 컬러로, 과거의 사건들이 남긴 흔적은 흑백으로 표현한 것도 인상적입니다. 무엇보다 당시 수용소에서 그 끔찍한 광경들을 목 격했던 생존자인 장 카이롤이 직접 쓰고 낭독한 시적인 내레이션은 힘 없는 유태인들이 겪었던 천인공노할 나치의 만행을 잔잔하면서도 힘 있게 고발합니다. 장 카이롤(Jean Cayrol)의 내레이션을 들어보겠습니다.

소각로는 더 이상 가동되지 않고

나치의 교활함은 오늘날

애들 장난으로 치부되고 있다.

9백만 명이 떼죽음을 당했다.

우리 중 누가 이 흉측한 감시탑 위에서

새로운 사형 집행자들의 출현을 경고할 것인가?

우리와 딴판으로 생겼을까?

우리 가운데, 운 좋은 카포[44]들이나

복직된 장교들과 익명의 밀고자들이 어딘가 숨어 살겠지.

아마 믿지 않거나 보는 동안만 믿으실 분도 있을 것이다.

여태 우리가 진실한 응시를 통해 살펴본 잔해,

마치 오랜 괴물이 편린 바로 아래를 밟아 뭉개놓은 형상들을……

마치 우리가 본 영상이 과거 속으로 잊힌 듯

수용소에서의 재앙이 단번에 영구히 치유된 듯

다시 희망을 잡은 척할 수도 있겠지.

그런 일들이 단 한 번,

어떤 장소와 기간에만 있었던 척할 수 있겠지.

우리 주변에 일어났던 일을 못 본 척

인류의 끊임없는 울부짖음을 못들은 척할 수도 있겠지.

다큐멘터리 영화 「밤과 안개」 중. 유태인 여자들의 머리카락이 모여 대형 창고에 언덕처럼 쌓인 모습

◐ 이 작품에는 잔인하고 끔찍한 장면들이 많이 나옵니다.

앙상하게 말라비틀어진 사람들의 시체가 트랙터로 한꺼번에 처리되
거나 멀쩡한 발에 인으로 생체실험을 하는 장면 등은 어린아이와 노
약자가 보기에는 너무 잔인하지요. 그처럼 끔찍하고 처참한 역사를
경험했던 유태인들은 전쟁이 끝난 뒤 승전국 미국의 도움으로 자신들
이 고향땅이라고 여기는 중동 지역에 이스라엘을 건국하게 됩니다. 그
런데 피해국이었던 이 나라가 막상 주변의 타 국가들과 평화롭게 공
존하지 못하고 연일 폭력적인 전쟁을 일삼고 있다는 것은 아이러니한
사실이 아닐 수 없지요.

◉ 진실의 반대말은 거짓이 아니라 망각이라는 말이 있습니다.

사람의 기억은 시간이 흐를수록 희미해질 수 있지만, 필름에 기록된
이미지는 선명합니다. 그 선명함이 바로 영화, 특히 다큐멘터리가 인
간으로 하여금 과거를 기억하고 같은 실수를 되풀이하지 않게 도울
수 있는 가능성 아닐까요?

44 ▶

수용소에 갇힌 유태인 중 관리자 역할을 맡은
사람. 대신 독일군으로부터 특혜를 받았다. 개
중엔 선량한 카포도 있었다고 하나 대부분의
카포는 독일군보다도 더 악랄하고 잔인하게 자
신의 동족인 유태인들을 괴롭혔다.

바시르와 왈츠를(Waltz with Bashir, 아리 폴먼, 2008, 이스라엘)

영화는 1982년 레바논에서 벌어진 팔레스타인 난민 대학살을 배경으로 하고 있다.

이스라엘은 주변에 있는 중동 국가들과의 갈등으로 화약고가 된 지 오래입니다. 유럽 각지에 흩어져 살고 있던 유태인들이 1948년 팔레스타인 땅에 이스라엘을 세운 뒤 팔레스타인에 살고 있던 많은 사람들이 고향을 떠나야 했어요. 이스라엘과 중동 국가들은 무려 네 차례에 걸쳐 대대적인 전쟁을 벌였습니다.[45]

◯ 영화 「바시르와 왈츠를Waltz with Bashir」은 1980년대 초 레바논에서 발생한 사건을 배경으로 합니다.

이스라엘이 레바논을 침공한 후 '바시르 제마엘' 대통령이 암살당하자 당시 이스라엘에 휘둘리며 제마엘을 지지했던 레바논의 기독교 민병대는 팔레스타인 난민촌 두 곳을 봉쇄하고, 1982년 9월 16일부터 18일까지 사흘 동안 민간인 3천 명을 도살합니다. 일명 '사브라 샤틸라' 학살 사건이지요. 이 사건이 일어나는 동안 이스라엘군은 탱크로 에워싸고 있다가 학살이 끝나자 철수합니다. 이때 세계인들은 스페인에서 열린 월드컵에 빠져 있었고요.

영화 속 주인공이자 연출자인 아리 폴먼은 대량학살의 참상과 비극에 대해 이야기한다.

45

1948년 5월 14일 영국이 위임통치하고 있던 팔레스타인 지역에 유태인들의 이스라엘이 건국되었다. 동시에 아랍 제국의 정규군이 팔레스타인에 침입하여 제1차 중동전쟁이 개시되었다. 1949년 정전(停戰)이 실현되었으나 아랍 대 이스라엘의 대립은 이후에도 계속되어 1956년 10월 제2차 중동전쟁(수에즈 전쟁), 1967년 6월 제3차 중동전쟁(6일 전쟁), 1973년 10월 제4차 중동전쟁(10월전쟁) 등 모두 4차례에 걸친 전쟁을 하였다.

◐ 영화 속에는 아리 폴먼 감독 자신이 등장합니다.

그는 사건 당시 이 지역에서 이스라엘 군으로 복무 중이었다고 합니다. 그런데 어느 날 자신이 당시의 일들을 전혀 기억하지 못한다는 것을 깨닫고, 그 기억을 되찾기 위해 자신의 전우들을 찾아 나섭니다. 이 과정을 먼저 다큐멘터리로 촬영한 그는 영화의 이미지를 애니메이션으로 처리하기로 하고 다양한 기법과 초현실적인 형태의 영상을 구현해냈습니다.

◐ 아리 폴먼 감독은 많은 시간과 비용을 들여서 애니메이션 다큐멘터리 작업을 합니다.

덕분에 관객들은 전쟁이라는 끔찍한 상황과 거리를 유지하면서 감독의 자기 치유와 성찰적 여정에 동참하게 됩니다. 아마 영화 전체가 실사 다큐멘터리였다면 꽤 지루했을지도 모릅니다. 꿈 장면 등을 표현하기도 어려웠을 테고요. 영화의 말미에서는 애니메이션이 실제 자료 화면으로 벗겨지면서 학살이라는 상황의 슬픔과 충격이 한꺼번에 밀려옵니다.

올림피아 (Olympia, 레니 레펜슈탈, 1938, 독일)
& 도쿄 올림픽 (東京 オリンピック, 이치가와 곤, 1965, 일본)

다큐멘터리 영화 「올림피아」 중 손기정 선수의 모습(좌)과 경기를 관람하는 히틀러(우)

◎ 1936년 독일 베를린에서 올림픽이 열렸습니다.

이때 대다수 독일인들은 그들의 지도자 히틀러가 부르짖는 배타적인 민족주의가 훗날 가져올 인류의 대재앙에 대해 전혀 눈치 채지 못하고 있었지요. 베를린 올림픽의 개회선언을 한 히틀러는 자신감에 차 올라 전 세계의 식민지를 선점하고 있던 강대국들을 상대로 한 전쟁에 박차를 가합니다. 하지만 정작, 고래 싸움에 등이 터진 것은 우리 나라나 유태인 같은 힘없는 나라와 약소민족이었습니다.

스크린에 비친 손기정 선수의 기록

당시는 일제강점기였으므로 우리나라는 태극기를 사용할 수 없었습니다.

하지만, 이 대회에 참여했던 한국인 선수들이 있었지요. 가슴에 일장기를 달고 마라톤 대회에 참가할 수밖에 없었던 손기정과 남승룡 선수였습니다. 화면에 보이는 것처럼 마라톤 대회 1위는 SON, 3위는 NAN이고 국적은 JAPAN이라고 되어 있습니다. 일본제국주의 세력의 폭력성은 조선이라는 나라를 합병한 것도 모자라 아예 역사 속에서 지워버리려고 한글을 없애는 등 한민족 말살정책을 펼쳤습니다.

1945년 미국이 일본 히로시마에 원자폭탄을 투하하면서 제2차 세계대전은 종국으로 치달습니다.

일본 천황은 미국에게 굴욕적인 항복을 선언했고, 독일의 히틀러도 연합군의 압도적인 폭격을 견디다 못해 지하 벙커에서 비참한 최후를 선택합니다. 일본, 독일과 같은 편이었던 이탈리아 역시 파시즘의 악령에서 빠져나오기 위해 노력했습니다. 우리나라와 같은 약소국들은 해방을 맞이했고, 대학살의 지옥에서 살아남은 유태인들도 다시 미래를 준비했지요.

그렇지만 불행하게도 신생독립국 한국은 강대국들의 이기적인 입장과 지리멸렬한 내분으로 인해 한국전쟁이라는 참화를 다시 한 번 겪게 됩니다.

한국전쟁은 사회주의 세력과 자본주의 세력이 만나는 첨예한 지정학적 위치에서 냉전이 폭발한 대열전(大熱戰)이었고, 미국에 항복하여 자연스럽게 자본주의 편에 서게 된 일본은 미군의 병참기지로 활용되면서 전쟁으로 인해 폐허가 된 나라를 다시 추스를 수 있는 기회를 잡게 되지요.

이후 일본은 미국에 이어 세계 제2위 경제대국으로 발돋움합니다.

그리고 1964년, 아시아권 최초로 올림픽을 유치하게 됩니다. 우리나라도 1988년에 제24회 올림픽을 개최했고요. 전쟁을 일으키고 역사에 대한 반성도 제대로 하지 않는 멀고도 가까운 이웃나라 일본이지만, 일본인들의 실력까지 무시하는 우는 범하지 말아야 할 것입니다. 전쟁에 대한 책임과 반성의 주체는 잘못된 생각을 가진 지도자와 권력층이지, 우리와 같이 평범하고 소박하게 살아가는 소시민들이 아니거든요.

「도쿄 올림픽」(1965)의 타이틀 장면

🔅 이치가와 곤[市川崑] 감독의 다큐멘터리 「도쿄 올림픽」 프롤로그에는 한 남자의 내레이션이 나옵니다.

올림픽 순서와 년도, 개최도시를 열거한 단순한 형태이지만 마치 우주로 쏘아 올리는 로켓의 카운트다운을 듣는 것처럼 긴장감이 생기는 내레이션입니다. 1930년대에 만들어진 다큐멘터리 영화 「올림피아」에서 리펜슈탈은 내레이션을 활용하지 않았습니다. 어떤 것이 더 나은 선택이었을까요? 정답은 없습니다. 작품을 연출하는 감독의 판단일 뿐이죠. 「도쿄 올림픽」에 나온 프롤로그를 한 번 들어볼까요?

첫 번째 근대 올림픽 게임은 1896년 그리스 아테네에서 열렸다.

두 번째는 1900년에 프랑스 파리에서.

세 번째는 1904년에 미국 세인트루이스에서.

네 번째는 1908년에 영국 런던에서.

다섯 번째는 1912년에 스웨덴의 스톡홀름에서 열렸다.

여섯 번째는 1916년에 베를린에서 열기로 했는데 취소되었다.

242

전쟁 때문에.

일곱 번째는 1920년에 벨기에 앤트워프에서.

여덟 번째는 1924년에 다시 프랑스 파리에서.

아홉 번째는 1928년에 네덜란드 암스테르담에서.

열 번째는 1932년에 미국 로스앤젤레스에서.

열한 번째는 1936년에 독일 베를린에서.

열두 번째 1940년 대회는 취소되었다.

2차 세계대전 때문에.

열세 번째 1944년 대회도 또 취소되었다.

그 전쟁 때문이었다.

열네 번째는 1948년에 영국 런던에서 다시 한 번.

하지만 일본은 배제되었다.

열다섯 번째는 1952년에 핀란드 헬싱키에서.

열여섯 번째는 1956년에 호주 멜버른에서.

열일곱 번째는 1960년에 이태리 로마에서.

그리고 지금.

1964년, 열여덟 번째 대회는 일본 도쿄에서.

◯ 마라톤은 올림픽의 꽃이라는 말이 있습니다.

1936년 베를린 올림픽 마라톤 대회의 영광이 불운의 주인공 손기정에게 돌아갔다면, 28년 후 도쿄 올림픽의 영광은 불굴의 의지로 인생 드라마를 써내려간 맨발의 마라토너 아베베의 차지였습니다. 그의 이름 '아베베'는 에티오피아 말로 '피는 꽃'이라고 합니다. 1960년 로마

올림픽, 1964년 도쿄 올림픽 2연패를 달성한 그는 불행하게도 1969년
교통사고를 당한 후 하반신이 마비됩니다. 하지만 그는 노르웨이 장애
인 올림픽 양궁대회에 출전하여 또 금메달을 땁니다.

「도쿄 올림픽」에서 아베베의 수상 장면

나는 다만 달릴 뿐이다.
나는 남과 경쟁해 이기는 것보다
자신의 고통을 이겨내는 것을 언제나 먼저 생각한다.
고통과 괴로움에 지지 않고 마지막까지 달렸을 때,
그것은 승리로 연결되었다.

- 아베베 비킬라

다큐멘터리 거장, 오가와 신스케[小川紳介](Shinsuke Ogawa, 1935~1992)의 삶

오가와 신스케 감독은 카메라를 든 사회운동가였습니다. 대학에서 민속학을 전공한 그는 학생운동에 연루되어 그만 학교에서 퇴학을 당합니다. 이때 그는 세상을 바꿀 수 있는 영상의 무서운 잠재력을 발견하고, 부정입학 문제를 다큐멘터리 형식으로 다룬 「압살의 숲-타카사키경제대학투쟁의 기록」이라는 작품을 발표합니다.

"진실은 현장에 있다. 카메라와 다큐멘터리 작가가 얼마나 현장 가까이에 있는가 하는 점이 가장 중요하다"라고 말했던 오가와 신스케 감독

이후 1960년대 말, 그는 '땅의 냄새'에 매료되어 카메라를 들고 나리타 지역으로 갑니다. 이곳에서 나리타공항 건설 반대투쟁을 하는 주민들과 함께 행동하면서 다큐멘터리 영화의 새 장을 열게 되지요. 그는 주민들과 함께 생활하면서 철저히 농민들 편에 서서 작품을 만드는 제작 방식을 취했습니다. 「일본 해방전선 나리타」(1970년)는 거의 10년에 걸쳐 나리타 철거민들과 함께 살면서 만든 작품입니다. 철거를 반대하는 싸움, 싸움에 밀린 철거민들의 이주와 방황 등의 과정을 보여주면서 억압적인 국가 권력의 실체를 폭로하고 있지요.

제2차 세계대전 이후 많은 나라가 그러했지만, 상업적인 극영화가 번성하면서 다큐멘터리 영화에 대한 관심은 점차 낮아졌습니다. 하지만 오가와 감독은 진실을 포착해서 전달해내는 다큐멘터리 영화의 진수를 보여주었습니다. 그는 다큐멘터리 작가의 영역은 엄연히 따로 있다고 믿었어요. 제한된 시간에 제작되어서 한 번 방영으로 끝나는 텔레비전 다큐멘터리와 달리 '작가적' 사명감을 지닌 다큐멘터리 영화감독들이 만드는 작품은 일정한 자기검열 과정을 거치는 텔레비전 기록물이 돌파할 수 없는 한계를 넘어 진실에 접근할 수 있다는 것이 그의 지론이었습니다.

1980년대 이후, 그는 일본 전통문화에 작업적 관심을 갖게 됩니다. 그리고 「마기노 마을의 이야기」라는 작품을 통해서 농민에 대한 애정과 농학자 수준의 지식을 바탕으로 벼의 수정과정 등을 포착했지요.

1989년 그가 주축이 되어 만들어진 일본 '야마가타 다큐멘터리 영화제'는 네덜란드의 암스테르담 국제 다큐멘터리 영화제(International Documentary Film Festival Amsterdam), 캐나다의 핫독스(Hot Docs)와 함께 세계 3대 다큐 영화제로 그 권위를 인정받고 있습니다. 격년으로 열리는 이 영화제는 설립자인 오가와 신스케의 뜻을 계승해서 아시아 감독의 작품을 발굴하고 소개하는 데 힘을 기울이고 있습니다. 우리나라 김동원 감독의 「상계동 올림픽」을 시작으로 해서 최근까지도 한국의 많은 다큐멘터리 작품들이 이 영화제에서 상영되어 주목을 받고 있습니다.

로저와 나(Roger & Me, 마이클 무어, 1989, 미국)
& 상계동 올림픽(김동원, 1988, 한국)

🔅 1989년 작인 「로저와 나Roger & Me」는 마이클 무어(Michael Francis Moore, 1954~) 감독의 데뷔작입니다.

「식코SiCKO」(2007), 「화씨 911Fahrenheit 9/11」(2004) 등 논쟁적 다큐멘터리 작품을 만들어 흥행에도 성공한 다큐멘터리 감독입니다. 그는 또 세계화나 다국적기업, 총기 소유에 대해 비판적인 입장을 견지하면서 부조리한 상황을 개선하는 데 앞장서고 있지요. '미국에서 가장 뚱뚱한 스마트 웨폰(smart weapon)'이라 불리는 마이클 무어의 데뷔작 「로저와 나」를 살펴봅시다.

저는 좀 이상한 애였어요.

부모님은 저에게 문제가 있다는 걸 아셨죠.

두 살 때까지 뒤로 기어 다녔고

여섯 살 때 있었던

케네디의 대통령 취임연설을 기억해요.

저의 돌잔치 날, 엄마가 없었던 게 문제의 시작인데

그네를 타고 있는 어린 시절의 마이클 무어

작품은 이처럼 마이클 무어 감독 본인의 1인칭 내레이션으로 시작합니다. 이 같은 사적 다큐멘터리 형식이 가능해진 것은 어릴 때부터 비디오 카메라를 접하고 갖고 놀았던 미국 중산층의 생활 문화 덕분이었어요. 우리나라도 비디오카메라가 많이 보급된 2000년대 이후에 사적 다큐멘터리가 급격히 많아졌거든요.

마이클의 아버지는 GM(제너럴 모터스)이라는 자동차 회사에 다녔습니다. 아버지는 점화 플러그라는 부품의 조립라인에서 33년이나 일했고, 그의 조부모·어머니·형제·자매·이모·고모·삼촌 등도 모두 GM의 노동

248

자였습니다. 감독은 GM과 관련된 TV 광고 영상, 자료화면 등을 보여주면서 어릴 적 자신의 기억을 풀어놓습니다. 그것은 GM의 탄생지이자 자동차의 도시인 미시간 주 '플린트'의 번영의 시간이자 가족의 화목한 모습이 가정용 비디오카메라에 기록된 소중한 시간에 대한 것이었습니다.

◉ 시간이 흘러 GM이 대량 해고를 발표하면서 화창하기만 할 줄 알았던 플린트의 하늘에 먹구름이 끼게 됩니다.

GM 회장 '로저 스미스'가 플린트에 있던 11개의 공장을 폐쇄한 후 노동 임금이 훨씬 싼 멕시코에 새 공장을 짓기로 결정했기 때문입니다. 마이클 무어는 이제 로저 스미스에게 편지를 쓰고, 전화를 걸고, 팩스를 보냅니다. 로저 회장을 만나서 일자리를 잃은 사람들을 만나보라고 권유하려고 말입니다. 마이클과 제작진은 졸지에 실업자가 된 사람들을 대변하는 정의의 카메라맨처럼 보입니다. 하지만 로저 회장 측은 응답하지 않고 마이클의 시도를 무안하게 만듭니다.

◉ 카메라는 빈집이 늘어나는 플린트 지역의 삭막한 풍경을 뮤직비디오 형식으로 보여줍니다.

그러면서 정말 많은 사람들을 만나고 일일이 인터뷰를 진행합니다. 더 이상 공장에 출근하지 못하는 실업자들, 법원 명령에 따라 세입자를 강제퇴거 시키는 집행관, GM에서 해고된 후 경찰이 되어 점점 늘어나는 플린트 지역의 범죄자들을 관리하는 사람, 한가롭게 골프를 즐기는 부자 할머니들 등을 만납니다. 때로는 카메라맨과 연출자 마이클 무어가 화면 안에 등장하기도 해요. 이것은 암담한 현실을 있는 그대로 촬영하는 것을 뛰어넘어 연출자가 현실에 적극적으로 개입하고자 하는 의지를 드러내는 방법입니다.

본인의 다큐멘터리 영화에 출연한 마이클 무어

○ 이런 개입은 갈등 구조를 강화하는 역할을 합니다.

연출자인 마이클 무어와 대화하는 방식의 인터뷰, 연출자의 주관적 내레이션, 그리고 로저 회장과 벌이는 다소 우스꽝스러운 장면 등을 통해서 말이지요. 감독은 로저 스미스 회장을 만나기 위해 3년간이나 노력했지만 매번 실패하다가 성탄절을 축하하는 연말 행사 자리에서 마침내 그를 만나게 됩니다. 무어 감독은 회장에게 쫓겨난 실업자들의 상황을 이야기한 후 같이 플린트로 가자고 말하지만 역시 거절당하지요.

250

◐ "울면 안 돼, 울면 안 돼, 산타 할아버지께서는 우는 사람에게 선물을 안 주신대~"

우리 귀에도 아주 익숙한 크리스마스 캐럴 합창이 나온 후 "전국에 징글벨 소리가 울립니다. 트리가 반짝이고 식탁에 칠면조가 오릅니다. 눈이 오는 성탄절을 기원하는 우리의 소망을 자연은 저버리지 않습니다. 개인의 존엄과 가치는 모두에게 인정돼야 합니다"라고 연설하는 로저 스미스 회장의 덕담이 이어집니다. 동시에 강제 철거를 당하는 흑인 가족의 모습이 교차됩니다. 무어 감독은 이 극명한 대비를 통해 '빈익빈 부익부'라는 자본주의 미국 사회의 아이러니를 아프게 꼬집습니다.

◐ 김동원 감독의 「상계동 올림픽」은 우리나라 최초의 일본 야마가타 다큐멘터리 영화제 수상작입니다.

1988년 서울올림픽이 개최될 당시 소외되었던 우리 이웃들의 모습을 따뜻한 시선으로 비추면서 그들의 목소리를 대변한 작품입니다. 88올림픽을 홍보하는 영상과 빈민 주택을 철거하는 현장을 담은 화면이 교차되는 것으로 시작되는 「상계동 올림픽」에는 한 여성의 내레이션이 등장합니다.

88올림픽을 민족의 영광,

인류의 축제라 부르며

온통 법석들이다.

하지만 우리 상계동을 비롯한

200여 군데 철거민들에게

올림픽은 차라리 없었으면 좋을

원망의 대상일 뿐이다.

◯ 이 문장을 통해 우리는 내레이션의 주인공, 즉 화자가 상계동 철거민 중 한 명이라는 것을 알 수 있어요.

그리고 그녀가 속한 '우리'가 올림픽을 어떻게 받아들이고 있는가도 명확하게 느낄 수 있습니다. 비디오카메라가 흔하지 않던 시절에 촬영된 아주 거친 느낌의 화면들이지만 카메라를 든 사람의 위치와 태도 역시 명확해 보입니다. 철거민과 함께 부당한 공권력의 폭력에 항의하고 그들과 동고동락하면서 가난한 자들의 입장을 이해하고 대변하고자 한 의지가 잘 드러납니다.

88올림픽 홍보영상(좌)과 빈민 주택 철거 현장(우)

◎ 철거민들은 상계동에서 명동성당 옆 천막으로, 명동에서 다시 부천으로 가게 됩니다.

그곳에서 힘겹게 마련한 가건물이 무허가 건물이라는 이유로 시(市)의 직원들에게 강제 철거되는 장면은 보는 이의 가슴을 먹먹하게 만듭니다. "올림픽이라는 이름으로 도시미관이란 이유로 삶의 자리를 빼앗는 일이 없는 나라에서 살기 위해, 가난한 사람들이 가난한 마음으로 살 수 있는 그날을 위해"라는 마지막 내레이션, 그리고 다 같이 노래 부르는 철거민들의 모습이 나오는 엔딩 장면에서 관객들은 아무리 힘든 상황 속에서도 희망을 잃지 않는 우리, 즉 공동체의 힘을 발견할 수 있었습니다.

상계동에서 쫓겨난 철거민들이 임시로 거주하려고 만든 가건물조차 강제로 철거되었다.

가늘고 푸른 선(The Thin Blue Line, 애롤 모리스, 1988, 미국)
& 진실의 문(김희철, 2004, 한국)

「가늘고 푸른 선」(1988)

1976년 어느 날 밤, 미국의 한적한 도로에서 살인사건이 발생합니다. 그리고 랜돌 애덤스라는 남자가 이 사건의 범인으로 지목됩니다. 그런데, 그는 자신이 억울한 누명을 쓴 것이라고 주장합니다. 한편 그 날 현장에서 그와 함께 있었던 소년 데이비드 해리스가 진짜 범인임을 뒷받침하는 이야기와 근거들이 속속 나오기 시작합니다. 진실

은 무엇일까요? 마치 일본의 거장 감독 구로사와 아키라[黑澤明](くろ さわ あきら, 1910~1998)의 대작 「라쇼몽羅生門(In The Woods)」(1950)[46]처 럼 애롤 모리스 감독은 극소주의 (minimalism)적인 촬영기법과 음악 을 멋들어지게 결합시켜서 그날의 사건을 여러 각도에서 반복적으로 재연합니다.

46 이 작품으로 구로사와 아키라 감독은 1951년 베니스 영화제 그랑프리 등을 수상했고, 서구 영화계와 지성계에 전광석화 같은 충격을 주었다. 구로사와는 한 가지 사건을 두고 각각의 개인은 서로의 이익을 위해 증언을 하기 때문에 인간사에서 진실이라는 것은 어쩌면 영원히 찾을 수 없는 것인지도 모른다는 연출론을 밝혔다.(출처: 포털사이트 DAUM 영화)

◑ 누구의 시선이 진실의 언어일까요?

감독은 그 판단을 관객에게 맡깁니다. 하지만 감독이 전달하려는 핵심적 주제에서는 과연 누가 범인인가라는 말초적 내용보다 사형제, 배심원 제도 등 미국 사회의 사법제도에 대한 성찰적 작가 정신이 돋보입니다. 무엇보다 놀라운 것은 이 다큐멘터리 영화가 개봉된 후 관객들이 여론을 만들어 억울한 옥살이를 하고 있던 애덤스의 석방이 이루어졌다는 사실입니다. 한 편의 다큐멘터리 영화가 한 사람의 인생과 부조리한 현실을 역전시킨 쾌거였지요.

◐ 「가늘고 푸른 선」은 영화 자체로서도 상당한 미학적인 성취를 이루었습니다.

마치 필름 누아르(film noir)[47]의 한 장면 같은 사건의 재연 촬영과 조명, 그리고 그 느낌을 뒷받침해주면서 관객의 귓가에 확실히 각인되는 음악감독 '필립 글래스'의 극소 주의풍의 멜로디가 매우 인상적입니다. 내레이션 한 줄 없이 사건의

47 누아르는 프랑스어로 '검다'는 뜻. 검은 세계, 즉 지하조직의 범죄나 폭력을 다루면서 도덕적 모호함이나 성적 동기에 초점을 맞춘 일군의 영화를 가리킨다.

당사자인 애덤스와 해리스, 그리고 사건 담당 검사들과 변호인, 배심
원들의 인터뷰로만 사건의 발생부터, 검사들의 사건 수사, 재판 과정
을 전개시키는 구조 또한 눈여겨볼 만합니다.

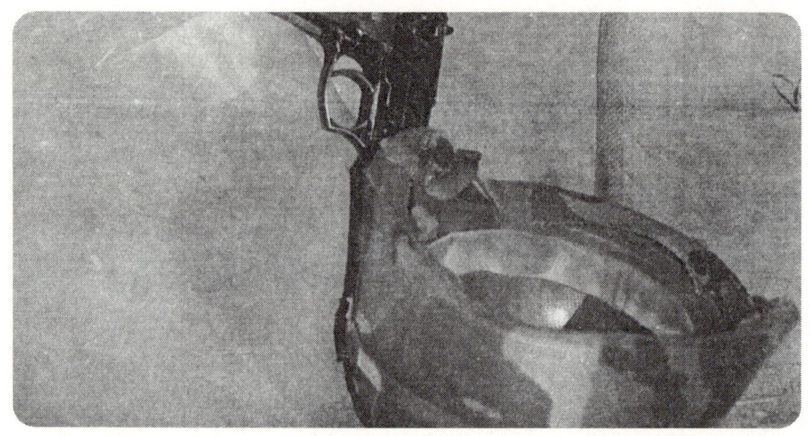

1998년 판문점 김훈 중위 의문사 사건을 다룬 다큐멘터리 영화 「진실의 문」

영화를 만들 때 모델로 삼을 작품이 있다는 사실은 잡다한 문제로 스트레스
를 받는 연출자에게 엄청난 위안이 됩니다.

고백하자면, 2004년에 연출했던 「진실의 문」은 위에서 소개한 「가늘
고 푸른 선」이라는 영민한 작품을 흠모한 결과였습니다. 무죄를 주장
하는 억울한 피고인이 영화의 힘으로 누명을 벗은 것처럼 여전히 해
결되지 않고 있는 김훈 중위 사건을 다큐멘터리 영화를 통해 사람들
에게 알리고 진상 규명에 조금이나마 도움이 되고 싶었습니다.

◌ 하지만 필자가 확보한 「진실의 문」 제작비는 너무나 적었습니다.

따라서 「가늘고 푸른 선」에 나오는 누아르 풍의 재연 촬영을 포기할 수밖에 없었지요. 하지만 필자가 확보했던 자료화면 중에는 김훈 중위 사인을 놓고 공방을 벌이는 법의학 토론회 장면이라든지 국방부에서 병사들이 취조 받고 있는 상황을 기록한 CCTV 화면 등 결정적인 장면들이 몇 개 있었어요. 아주 커다란 소득이었지요. 김훈 중위 의문사 사건에 대해 누구보다 잘 알고 있는 다섯 분을 섭외해서 인터뷰를 마친 필자는 10시간이 넘는 자료화면들과 인터뷰 촬영본을 편집 프로그램으로 끼워 맞추면서 김훈 중위가 타살되었다는 정황들을 차곡차곡 쌓아올렸습니다. 하지만 타살이라는 결론을 관객들에게 강요하는 대신 직접 관심을 갖고 찾아보도록 유도했지요.

김훈 중위 사건 국방부 특별조사단의 취조 과정이 찍힌 CCTV 화면

◐ 필자는 또 필립 글래스의 마술 같은 음악 분위기, 미니멀리즘 방식의 이미지 편집 형식 등을 최대한 따라하려고 했습니다.

등장인물을 소개하는 뻔한 자막을 넣지 않은 것도 「가늘고 푸른 선」의 형식을 모방한 것이었고요. 하지만 약간의 차별점도 두었습니다. 내레이션 없이 갈까 하다가 작품의 맨 앞과 뒷부분에 김훈 중위의 영혼을 빌려 저의 목소리로 몇 문장 넣었거든요. 엔딩 크레디트가 올라가는 마지막 장면에 넣은 내레이션 문장은 다음과 같습니다.

"내가 왜 죽었는지 나도 알고 싶다."

「진실의 문」 엔딩 크레디트 마지막 장면 "내가 왜 죽었는지 나도 알고 싶다.

학교 가는 길(김민지, 2012, 한국)

우리는 때로 타인의 관점을 통해 모호했던 부분을 확실하게 인식하기도 합니다.

함께 생각해볼 작품은 김민지 감독의 「학교 가는 길」인데요, 이번에는 (필자가 아닌) 다른 사람의 눈을 통해 감상을 시도해보겠습니다. 이글은 필자가 수업을 진행했던 모 대학교에서 작품을 감상한 학생이 쓴 글입니다. 여러분에게 여러 모로 참고가 될 듯싶습니다.

「학교 가는 길」

권슬기

막살의 가족들은 '어떻게 되더라도' 한국이 좋다. 엄마가 몽골로 강제 송환되어 볼 수 없게 되어도, 좋아하는 학교를 그만두고 일을 하러 나갈 수밖에 없게 되었어도 한국에 있고 싶다. 해질녘의 노란 빛이 화면을 지배한다. 몽골 유목사회의 전통을 간직한 겔의 내부를 닮은 벽지를 바른 이채로운 집, 우리와 같은 카테고리에 속하는 몽골 인종의 얼굴, 학생이 몇 없어 다복하지만 한 반에 기십 명이 빽빽이 들어차 너무 많은 개인의 군집처럼 보이는 학교에 익숙한 도시 사람들이 보기에는 다분히 이색적인 학교의 풍경.

「학교 가는 길」이 시작되었을 때 나는 아무렇지 않게, 사실은 조금 졸려 하면서 그렇게 흘러가는 화면을 보고 있었다. 나는 이 '다큐 영화'에 언제부터 집중하게 되었을까? 영화의 말미, 자전거를 타고 굴다리를 지나 땅을 박차고 앞으로 나아가는 아이의 모습을 보고 괜스레 가슴이 아프고 마음이 복잡한 이유는 무엇이었을까.

앞서 나는 '사실'과 '객관성'의 연관 고리에 대해 생각해본 일이 있나 스스로에게도 묻고 싶다. '객관'이라는 어휘에 관련하여 흔히 말하는 '객관적 보도'는 사견이 들어 있지 않은 보도, '객관적 입장' 역시 개인적인 경험에 전적으로 의존하지 않고 취하는 입장을 뜻하는 말일 것이다. 그렇다면 사실은 어떠한가. 사실이란 '실제로 이루어진 일이나 일어난 일'을 뜻하는데, '사실이 사실로서 확정되기 위해서는 인간의 관찰행위가 있어야 한다. 이런 뜻에서, 사실은 인간의 관찰행위에 의해서 형성되는 객관 또는 대상 바로 그것이다'라는 문장이 완벽한 '사실'에 대한 설명이라고 보인다. 사실은 자연적으로 존재하는 데 그치는 것이 아니라, 누군가 그것을 관찰할 때 진정한 사실이 된다는 것이다. 그렇다면 이러한 '사실'을 비추는 다큐멘터리는 얼마나 '객관적'이어야 할까?

우리가 본 어떤 다큐의 시선이 편협하다고, 한쪽의 의견에 치우쳐 사실을 왜곡하고 있다고 분노할 때 우리는 다큐멘터리라는 장르의 정의에 대해 한번쯤 다시 생각해보게 될 것이다. 다큐라는 이름을 달고 비춰지는 영상의 모든 것이 순수한 사실이라고, 또는 반드시 사실적임을 넘어선 사실 그 자체여야 한다고 믿기 때문에 당연히 객관과 연관 짓고 마는 것이다. 관찰행위 없이 형성되는 객관은 없다. 그런데도 이 '사실'을 보여주기 위해 다큐멘터리를 만들고자 할 때, 주제를 선정하는 그 순간부터 다큐는 다분히 주관을 배제할 수 없는 작업이 된다. 여기서 이 주관을 어떻게 표현하느냐에 따라 다큐로 무언가를 '알리고자' 할 때 이용되는 방식의 행방이 갈린다.

내게 개인의 시선을 가미한 논픽션을 열거하는 다큐의 시야는 다소 좁은데다 1인칭이어서 외려 극영화보다 '장르 지향적'으로 느껴지곤 하는 일이 많다. fact를 기반으로 하니 극영화보다 컨트롤이 어렵겠다 느낄 때도, 1인칭이어서 더 뚜렷하게 내가 원하는 바를 전할 수 있지 않을까 기대하게 될 때도 있다. 어쨌거나 목적이나 목표 없이, 담고 싶은 그림 없이 만들어지는 다큐는 없을 것이라 생각한다. 최초의 장편 영화는 열차가 승강장으로 들어오는 순간을 그 어떤 조작 없이 그대로 담은 영상이었다. 뤼미에르 형제도 어쨌든 그것을 '보여주기 위해' 찍었다. 아무 말도 않고서. 보여주는 것 자체가 목표가 될 수 있던 시절이다. 어떤 점에서는 지금도 크게 다르지 않다는 생각이 들지만.

다시 돌아와서, 「학교 가는 길」은 말이 없다. 「열차의 도착」에 비하면야 훨씬 말 수가 많지만. 「학교 가는 길」이 조용하게 느껴지는 건 일단 다큐멘터리에서 흔히 들을 수 있는 제3자의 목소리가 없다는 이유가 클 것이다. 그렇기 때문에 별다른 설명이 없다고 느껴질 수밖에 없다. 나 역시 '다큐멘터리'라면 제3자의 내레이션이 설명조로 깔리고, 그것을 청취하면서 화면을 보는 구성이 제일 먼저 떠오르니까. 하지만 설명은 이제 취향 문제다. 커피처럼.

에스프레소 원액에 우유를 첨가하면 카페 라떼가 된다. 제3자의 직접적 설명을 우유로 볼 때, 우유를 넣는다면 커피의 맛과 향이 독특하고 농후해져 완전한 창조물이 되지만 원치 않는다면 에스프레소에 물을 부어 '다른 것이 들어가지 않은' 아메리카노를 만들어 즐길 수도 있는 것이다.

첨가물이 들어가지 않은 것처럼 보이는 「학교 가는 길」을 이루고 있는 모든 영상은 물처럼 잔잔하게 흘러가고, 이 프로젝트를 준비하기 전부터 막살 가족들과 오랜 친분을 돈독히 쌓아왔다는 감독의 주관이 거의 '직접적으로는 보이지 않는' 형태로 녹아든 듯 존재하고 있어 연하고 순하다. 몇몇 장면에 연출이 들어갔다 한들 그 맛이 순해서 이질감이 느껴지지 않는 것이다. 극영화에서 볼 수 있을 법한 서정적 앵글과 몇몇의 테이크는 '사실'에는 손을 대지 않는 형태로 '연출'되어 촬영되어 있는 '사실'에 억지스럽지 않은 감동을 첨가하고, 감독이 무엇을 알려주기 위해 혹은 보여주기 위해 기획한 다큐인지 차분히 알아가고 싶게 하는 끈기와 집중력을 부여한다.

「학교 가는 길」을 연상하면, 어떤 사실보다 어떤 장면들이 감정의 형태로 떠오른다. 누워서 눈을 끔뻑이는 막살, 주인이 살아가기 위해 떠나버려 비어 있는 책걸상, 자전거를 타고 가는 막살. 아마 미래로 나아가는 모습도 그러할 것이다. 어두운 굴다리와 터널을 지나 어딘지도 모를 곳으로 가끔은 뒤돌아보면서, 이제는 카메라를 든 친한 '누나'가 아닌 세상과 자기 자신을 돌아보면서. 막살이 아닌 누구라도 그렇게. 모두의 인생은 이렇게 같고도 다르다.

별 생각을 다 하게 만드는 「학교 가는 길」의 가장 큰 힘은 서정성이다. 사실을 보는 눈이 날카롭지 않아도, 설명하지 않아도 보면 알 수 있는 서정성. 눈으로 들어와 피부로 느껴지는 감정. 극영화를 중점적으로 공부하는 입장에서도 모범 케이스가 되는 화면들은 '사실을 더욱 사실답게, 진실을 더욱 진실답게 하는 연출'의 중요성을 깨닫게 하고, 내게 다큐멘터리라는 장르에 대한 직접적인 호기심을 불러일으키는 계기가 되어주었다.

막살의 가족들은 불법 체류 외국인들이다. 하지만 「학교 가는 길」은 불법 체류자들에 대한 내국인들의 시선에서 비껴날 수 없는 곳에 있으면서도 그런 법도덕적인 면을 머리에서도 마음에서도 배제하게 만드는 무기를 가지고 있다.

사람은 어디에서든 살아간다. 나는 막살의 가족들이 계속해서 '살아갔으면' 한다. 있고 싶은 곳에서 있을 수 없게 되더라도 그 어디에서라도 '살아갔으면'. 현실적인 방안이 떠오르지 않는 것이 안타깝지만 그것은 반대로 현실적인 방안이 없다는 말도 될 것이다. 그리고 그 모든 것은 우리의 인생도 같다. 방안을 제시할 수 없는 문제에서 한 발자국 떨어져 우리는 깊은 감정의 동화를 느낀다. 여기서 너무 깊게 들어가면 곤란해진 나머지 스스로가 싫어지기도 한다. 우리는 세상 모두를 구하기는커녕 스스로도 구제할 수 없는 존재들이니까. 사고를 산으로 보내지 않고 주어진 화면에서 느낄 수 있는 것은 딱 이만큼이다. '그들이 원하는 것은 여기에 있는 것'이라고. 이런 마음 저런 생각을 가지고 '그저 여기에 있다'고.

볼링 포 콜롬바인(Bowling For Columbine, 마이클 무어, 2002, 미국)

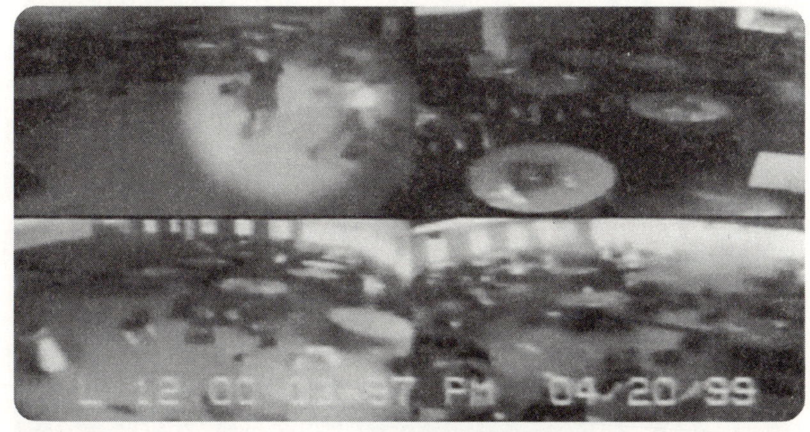

총기 난사 사건이 발생한 미국 콜롬바인 고등학교의 CCTV 화면

어느 나라나 '학교'라는 공간은 사람의 성장 과정에서 많은 역할을 하고, 여러 가지 꿈과 추억을 만들어내는 장소입니다.

그런 소중한 공간에서 너무나 충격적이고 끔찍한 사건이 발생했다는 소식을 우리는 종종 뉴스를 통해서 접하게 됩니다. 우리나라나 일본의 왕따(이지메) 현상이나 미국에서 벌어지는 교내 총기 난동 사건 등의 소식이 들릴 때마다 학생을 둔 부모님들은 옥상에서 쿵 떨어지는 듯한 마음일 것입니다.

🔅 1999년 4월, 미국 콜롬바인 고등학교에서 두 학생이 무려 900여 발의 총알을 난사하여 학생 12명과 교사 1명이 사망하고 엄청난 부상자들이 발생합니다.

연출자 마이클 무어는 데뷔작인 「로저와 나」 때처럼 카메라가 포착하는 프레임 안으로 들어가서 원맨쇼적인 연출 방식으로 미국 사회의 부조리에 대해 메스를 가합니다. 그는 이 끔찍한 사건의 원인들을 유머러스한 1인칭 내레이션으로 자문하면서 전문가들 또는 피해 학생의 부모, 미국 총기협회 회장인 원로 배우 찰턴 헤스턴(Charlton Heston, 1924~2008) 등과 인터뷰 토론을 시도합니다.

미국 총기협회 회장 찰턴 헤스턴과 인터뷰 중인 마이클 무어

🌀 전문가들은 사건의 원인에 대해 '폭력적인 만화, 게임, 영화, 록음악 같은 대중문화, 가정환경' 등을 언급합니다.

하지만 무어 감독은 더 구조적인 원인을 보자고 주장합니다. 그것은 언론과 재벌, 국가 등이 끊임없이 공포를 조장하거나 재생산하고 있다는 사실, 그리고 정복과 폭력의 역사를 가진 미국이라는 나라의 구조적인 문제에 대한 비판입니다. 다음과 같이 통계를 인용한 그의 1인칭 내레이션은 이 같은 주장에 설득력을 실어줍니다.

「볼링 포 콜롬바인」(2002)

프랑스에선 폭력 영화를 안 보나?

폭력 비디오 게임 왕국은 일본이지.

미국인들은 가정의 붕괴가

많은 비행 청소년을 만든다고 믿는다.

통계를 보면 영국이 미국보다 이혼 가정이 더 많다.

자유주의자들은 폭력의 원인이 빈곤이라지만

캐나다의 실업률은 미국의 두 배다.

미국은 폭력의 역사를 가졌다.

폭력적 과거, 카우보이와 인디언……

서부 개척, 정복과 살육의 역사

그 결과 미국 사회가 폭력적이 됐다면

이건 어떻게 설명하지?

천이백만 명을 학살한 독일

일본의 중국 점령

프랑스의 알제리인 학살

영국의 인도 만행……

연간 총격 사망자 수를 볼까?

독일 381명

프랑스 255명

캐나다 165명

영국 68명

호주 65명

일본 39명

미국 11,127명

다큐멘터리 감독 마이클 무어의 삶과 그에 대한 논란

다큐멘터리뿐만 아니라 책, TV출연 등으로 자신의 정치적 견해와 주장을 거침없이 표현하는 마이클 무어. 이제 그는 가난한 다큐 제작자가 아닌 영향력 있는 재벌급 문화예술인이 되었습니다. 그의 데뷔작 「로저와 나」에 사진과 내레이션으로 소개되는 것처럼, 마이클 무

마이클 무어 감독

어의 아버지는 미시간 주의 플린트 시에 있는 GM 공장 노동자였습니다. 장난 끼가 가득해 보이는 그의 꼬마시절 모습 그대로 그는 고등학교 시절 문제를 일으키는 요주의 인물이었습니다. 졸업 후 시 교육위원회 선거에 출마해서 당선된 무어는 자신이 다녔던 학교의 교장과 부교장을 사퇴시키기까지 했지요.

 미시간 대학 플린트 분교에 진학했지만 중도에 자퇴한 그는 《플린트 보이스*The Flint Voice*》라는 잡지를 창간합니다. 이후 좌파 성격의 《마더 존스*Mother Jones*》에서 편집자로 일하게 된 무어는 데스크와의 마찰로 다섯 달 만에 쫓겨납니다. 역시 무어는 당하고만 앉아 있지 않았습니다. 잡지사 발행인을 부당 해고로 고소해 승소, 5만 8천 달러의 보상금을 받아냈고 이 돈을 자금

으로 해서 다큐멘터리 영화 제작을 시작합니다. 그 영화가 바로 「로저와 나」(1989)이고 이후 그는 본격적으로 다큐멘터리 제작자의 삶을 살게 됩니다.

1999년에 일어난 콜롬바인 고교 총기 난사 사건을 소재로 미국의 폭력적 문화를 비판한 「볼링 포 콜롬바인」(2002)으로 그는 아카데미 다큐멘터리 부분을 수상하고 엄청난 흥행성과도 거두게 됩니다. 2004년에는 공화당 부시 대통령의 정책을 노골적으로 반대하는 「화씨 9/11」을 제작했고요. 이 작품은 전 세계적인 반미 열풍을 타고 큰 흥행을 거뒀을 뿐만 아니라 칸 영화제 황금종려상까지 거머쥐게 됩니다.

사실 그의 작품들을 보면 마이클 무어와 정치적인 견해를 같이하는 사람일지라도 좀 거북함을 느낄 수 있습니다. 무어가 지나치게 선동적인 경향이 강한 사람인 탓입니다. 과연 무어의 다큐멘터리 제작 방식이 옳은가에 대해서도 논란이 있습니다. 자신의 정치적 목적을 달성하기 위해 사실관계를 왜곡하거나 악의적인 편집을 하는 경우가 많았기 때문입니다.

캐나다 감독 릭 케인과 데비 멜닉이 연출한 다큐멘터리 「마이클 무어 뒤집어보기Manufacturing Dissent: Michael Moore and the Media」는 마이클 무어의 선동 방식과 갖가지 조작에 대해 문제제기를 하는 작품입니다. 이 다큐멘터리는 마이클 무어가 능수능란한 거짓말로 진실을 왜곡하고 편집하여 마치 그것이 사실인 것처럼 만들어버렸다는 것을 많은 인터뷰와 참고 자료를 통해서 알려주고 있습니다. 우리는 이와 같은 사실을 어떻게 받아들여야 할까요?

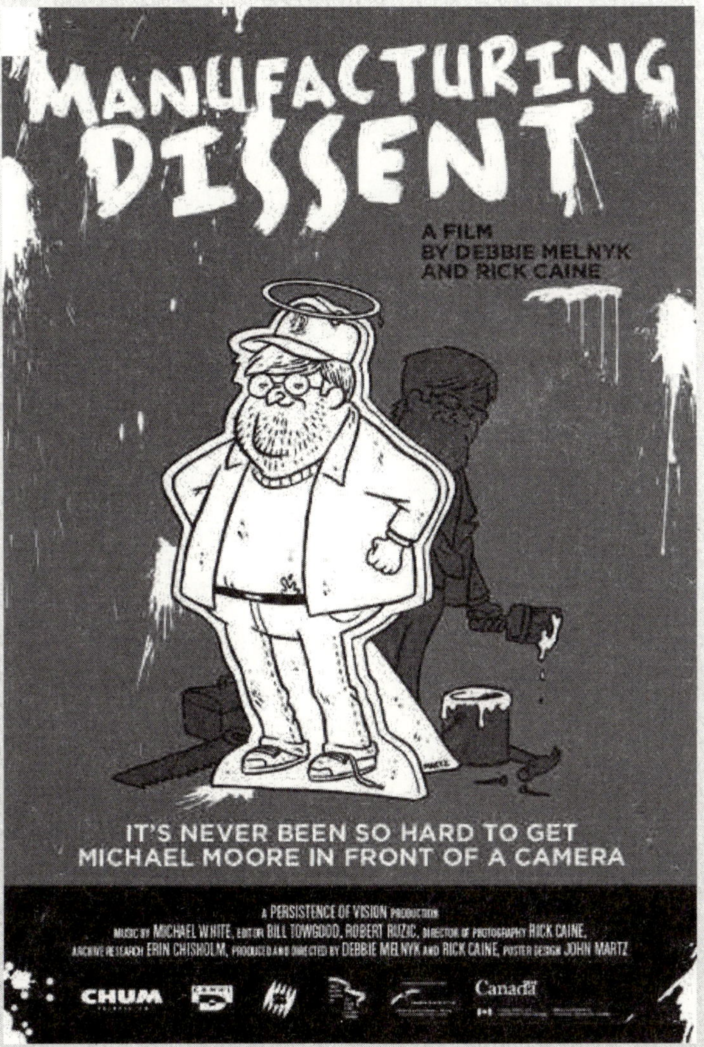

「마이클 무어 뒤집어보기」 포스터48

48 출처: http://movie.daum.net/moviedetail/moviedetailMain.do?movieId=57807

Cut!!

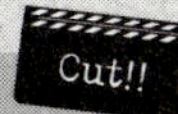

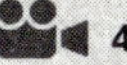

송환(김동원, 2003, 한국) & 디어 평양(양영희, 2006, 일본)

○ 다큐멘터리 영화 「송환」은 한국 독립다큐멘터리 영화사에 한 획을 그었던 작품입니다.

12년간 500여 개에 촬영한 테이프에는 김동원 감독이 비전향 장기수들을 만난 시간부터 그들이 북한으로 송환되기까지의 과정이 고스란히 기록되었습니다. "다큐멘터리가 세상을 바꾼다는 말을 믿었던 나도 어느새 두 아이의 아버지가 되어 생활의 유혹을 느끼던 무렵이었다"라는 감독의 1인칭 내레이션으로 시작되는 이 작품은 단순한 기록영화가 아닙니다.

✪ 「송환」은 한 개인이 카메라 렌즈로 바라본 인물들과 세상에 대해 쓴 에세이이자 분단된 한국 사회에 대한 영상 보고서입니다.

또한 인간의 권리와 자유의지에 대해 생각해보게 하는 철학적 매체이기도 합니다. 장기수 할아버지들과 감독은 비록 차가운 카메라로 이어졌지만, 인간과 세상에 대한 따뜻한 시선이 느껴지는 작품으로 탄생되어 아직도 관객들의 마음을 뭉클하게 만듭니다.

감독의 카메라는 비전향 장기수 할아버지들의 행복한 여행에 동행했다.

🌀 김동원 감독은 스토리텔링에 관한 강연49을 통해 다큐멘터리의 3요소를 이야기하면서 이렇게 말했습니다.

"다큐멘터리뿐만 아니라 모든 재현체는 그 이야기의 대상이 있고, 이야기하는 스토리텔러가 있고, 듣는 관객이 있을 때 성립합니다. 하나의 이야기는 같은 이야기라 해도 듣는 사람, 혹은 관객에 따라 달라질 수 있습니다. 감독이 하고픈 얘기와 대상이 보고픈 얘기가 달라질 수도 있습니다."

49 ▶📽
2009년 부산국제영화제 김동원 감독 '마스터 클래스'

🌀 「송환」은 '비전향 장기수의 이야기가 아니라 김동원이 본, 같이 있었던 비전향 장기수의 이야기'입니다.

주관적 내레이션을 했든 안 했든, 언제나 감독이 직접 고르고 편집한 자신의 이야기가 들어 있는 것입니다. 다이렉트 시네마(direct cinema)에서처럼 감독이 아무 것도 하지 않고 관찰만 한다는 것도, 실은 '관찰하는 듯한' 스토리텔링이 되는 것입니다. 어떤 형식을 취하고 어떤 입장을 갖든, 이것은 대상의 이야기에 감독 자신의 이야기가 섞이는 것입니다. 여기에 관객은 다시 자기 이야기를 섞게 됩니다. 쿨레쇼프 효과를 생각해봅시다. 전혀 상관없는 두 컷을 붙여놓았더니 관객 스스로 이야기를 만들어내지 않았나요?(130쪽 참조)

🔅 김동원 감독은 또한 극영화와 비교하여 다큐멘터리만의 특징을 이야기했습니다.

"극영화에서는 감독과 등장인물의 관계가 계약적이고 수직적입니다. ……(중략)…… 일반적으로 다큐에서는 흔히 대상과 감독 간의 관계가 수평적이고 쌍방적이라고 합니다. 다큐에선 등장인물이 감독인 나에게 질문을 던질 수도 있습니다. 그런 관계가 표현될 수 있는 유일한 장르가 다큐멘터리입니다." 가족이나 친한 사람들을 촬영하게 되면 카메라를 든 사람에게 촬영 대상이 말을 걸거나 웃음을 짓는 장면들이 담기게 됩니다. 물론 카메라를 사이에 둔 사람들 간의 관계가 친밀하다는 전제 아래 가능한 일이지요.

🔅 「송환」의 내레이션은 김동원 감독의 1인칭 관찰자 시점으로 쓰였습니다. 그는 내레이션을 통해 분단된 한국 사회의 역사적 맥락과 인간의 폭력성, 그리고 그것을 견뎌내는 또 다른 인간에 대한 믿음을 말합니다. 물론 그 믿음이 감독의 마음에 생겨나기까지는 짧지 않은 시간이 필요했습니다. 우연히 알게 된 할아버지들이 북에서 내려온 간첩이라는

것에 대한 낯설음과 호기심, 그들과 한 동네 주민으로 같이 살아가게
되면서 느끼는 정(情)과 '김일성 찬가'를 부르는 것에 대한 거부감, 북
으로의 송환 운동에 도움이 되고자 하는 운동적 의도, 영화 제작 허
가를 요구하다가 체포되어 그들과 연대감을 갖게 된 경험, 북송 후
그들을 더 이상 만날 수 없게 되었을 때 느꼈던 분단의 슬픔과 그리
움……. 이 모든 것이 세월과 함께 쌓인 것이지요.

◐ 감독이 십 년 넘는 제작기간 동안 느낀 이 같은 여러 가지 감정은 그의 작
품 곳곳에서 묻어나옵니다.

통일·인권문제 등을 주제로 일련의 작업을 해온 김동원 감독은 다음

과 같이 제작의도를 밝혔습니다. "나는 이번 작업을 통해 장기수 선생들을 만나오면서 느껴왔던 그 벽에 대해 이야기하고 싶다. 그 벽을 인정하고 직시하는 일은 진정한 통일로 가는 길목에서 피할 수 없는 일이라 생각하기 때문이다. 통일은 단지 염원하거나 외치는 것만으론 이루어지지 않으며, 아무리 경제협력과 문화교류가 활발해지더라도, 혹은 어느 날 갑자기 통일이 선언된다 해도 그 벽이 존재하는 한 통일은 여전히 완성되지 않을 것이다."

"이 바다는 이 나라와 저 나라를 가르고 있는 걸까? 이어주고 있는 걸까?"
(「디어 평양」 중 양영희 감독의 1인칭 내레이션)

분단국가의 상처는 북한과 남한에만 있는 것이 아닙니다.

해외 곳곳에 살고 있는 재외 한국인들의 마음에도 여전히 치유되지 않는 암 덩어리처럼 남아 있지요. 일제강점기를 거치면서 수많은 한국인들이 건너가 살고 있는 재일 한국인의 경우가 특히 그러합니다. 남한과 북한이 한국전쟁 후 반세기 동안 이념적·감정적 냉전을 치루

276

고 있는 것처럼 일본 내에서는 조총련과 민단이라는 두 그룹이 오랜 시간 동안 지루한 갈등을 벌였던 것이 사실입니다.

🔘 「디어 평양」을 연출한 양영희 감독의 아버지는 조총련 간부였습니다.

아버지와 어머니는 일본에서 북한의 김일성 체제를 옹호하는 활동을 벌이면서 두 아들을 북으로 보내기까지 합니다. 이러한 과정을 옆에서 지켜볼 수밖에 없었던 막내 딸 영희는 늙어가는 부모님의 모습과 그의 조국, 북한을 소형 카메라에 담습니다. 그리고 나와 생각이 많이 다른 아버지와 그의 조국에 대한 솔직한 감정을 자신의 내레이션으로 풀어냅니다. 추억, 슬픔, 원망, 호기심, 위화감, 연민…… 여러 가지 감정을 담을 수 있는 1인칭 사적 다큐멘터리의 내레이션은 전지적 시점에서 설명하고 결론까지 내는 일반 다큐멘터리의 그것과 차별성을 갖습니다.

🔘 양영희 감독이 작품을 만들기 위해 사용한 카메라는 아주 작은 크기의 가정용 카메라입니다.

안방에서 내의만 입고 있는 아버지의 소탈한 모습이라든지, 왼손으로 아버지께 용돈이 든 봉투를 내밀면서 오른손에 든 카메라로 부모님을 촬영하는 장면 등은 이 작은 카메라가 사람들 사이의 소중하고 가치 있는 시간을 포착하는 데 얼마나 유용하게 쓰이는지를 보여줍니다. 카메라를 든 사람과 찍히는 사람이 다 같이 화목하게 웃는 상황을 담은 장면들은 딸이 아닌 다른 타인이었다면, 방송용 큰 카메라였다면, 또는 몇 번의 취재와 촬영으로 만들어지는 다큐멘터리였다

면 절대로 쉽게 담을 수 없는 애틋하고 따뜻한 장면들입니다. 이런 점
이야말로 사적 다큐멘터리만의 미학이라고 할 수 있겠지요.

양영희 감독에게 손을 흔드는 아버지. 시선을 의식하지 않은 편안한 차림이다.

다큐멘터리 거장, 김동원의 삶

현재 한국예술종합학교 방송영상과 교수로 재직 중인 김동원 감독은 한국 독립영화계의 대부로 불립니다. 한국의 독립영화[50]가 현실 참여적인 작업들로 시작되었고 그가 중심에 서 있었기 때문입니다. 비교적 유복한 집안에서 유년시절을 보내고 대학에서 신문방송학을 전공하여 대학원까지 졸업한 그는 연극반 활동과 밥 딜런(Bob Dylan, 1941~)[51] 같은 음악에 심취하면서 암흑 같았던 유신독재 시절을 견디어냈다고 합니다. 장교로 군복무를 마친 그는 충무로 영화판에 들어갑니다. 당시 잘나가던 이장호 감독 밑에서 영화 일을 배우기 시작했지만, 시간이 흐르면서 자신이 정말 상업적인 영화에 재능이 있는지 회의를 품었다고 합니다. 그러던 중 하나의 사건을 경험합니

김동원 감독

50, 51 

한국 독립영화의 '독립'이 가지는 의미는 여러 가지인데, 과거 군사독재 시기 영화 검열로부터의 독립을 의미하기도 하고, 자본에 의해 좌지우지 되는 상업영화와 다르게 표현의 자유가 보장되는 독립을 의미하기도 한다. 최근에는 젊은 작가들의 자유롭고 신선한 아이디어로 넘치는 독립영화들이 많이 제작되면서 독립영화의 다양성을 만들어나가고 있다.

미국의 싱어송라이터이자 시인, 화가로 활동하고 있다. 유대인 집안에서 태어났다. 그의 작품은 1960년대부터 대표적인 저항 음악으로 사랑을 받았다. 「Blowin' in the Wind」는 한국의 학생운동에도 영향을 미쳤고, 「The Times They Are a-Changin'」은 베트남 전쟁에 대한 저항의 표상이 되었다. 대중음악 역사상 가장 영향력 있는 음악가 중 한 명이다.

다. 우연한 계기로 1986년 상계동의 철거 현장을 카메라에 담게 된 것입니다.

88올림픽의 성화 봉송 길의 환경미화 차원에서 상계동의 빈민촌이 강제로 철거되었고, 김동원 감독은 그 처참한 과정을 카메라에 담으며 사회의 진짜 모습을 보게 되었다고 합니다. 일본의 오가와 신스케 감독이 농민과 함께 국가권력의 부당함에 맞서 싸웠던 것처럼 그는 그곳에서 철거민들과 함께 무려 5년이라는 긴 시간을 같이 보내며 빈민의 삶이 가진 건강함을 느끼고 영화에 대한 판타지를 깨부술 수 있었다고 합니다. 그렇게 해서 탄생한 작품이 바로 「상계동 올림픽」입니다. 이후 그는 빈민 운동, 통일, 종교 등에 관한 자신의 관심을 작품으로 구현합니다.

1987년 민주화 운동의 생생한 목소리를 회고해보는 「명성, 그 6일의 기록」(1997), 비전향 장기수 할아버지들과 자신의 관계를 이야기한 「송환」(2004), 태평양 전쟁 일본군 위안부를 다룬 「끝나지 않는 전쟁」(2008) 등 인권과 관련된 영화에 계속 관심을 보이고 있는 김동원 감독은 학교에서 다큐멘터리를 전공하는 제자들에게 훈훈하고 친근한 멘토 역할을 하면서도 자신의 신작 작업에도 긴장의 끈을 놓지 않는 영원한 다큐멘터리스트입니다.

전쟁의 안개(The Fog of War, 애롤 모리스, 2003, 미국)

로버트 맥나마라(Robert McNamara)와의 인터뷰

✦ 「가늘고 푸른 선」을 연출했던 애롤 모리스 감독이 2003년에 발표한 작품입니다. 애롤 모리스는 이 작품으로 이듬해 아카데미 영화제에서 최우수 다큐멘터리 상을 수상했습니다. 주인공은 케네디 대통령 시절 미국의 국방장관을 지내며 베트남전의 중요한 결정을 내렸던 당사자이자 그 후 세계은행 총재까지 역임했던 로버트 맥나마라입니다. 영화 전체가 그의 단독 인터뷰로 구성되어 있습니다. 그가 시대적인 거물이었던 탓

도 있지만, 개인의 경험을 뛰어넘는 일들을 겪은 역사의 증인이기도
한 탓입니다. 영화에는 매우 중요한 증언들이 많이 나옵니다. 이와 더
불어 엄청나게 많은 자료화면과 이미지 컷들이 미국 현대사를 생생하
게 보여줍니다. 특이한 점은 영화를 구성하는 각 장의 소제목인데요,
이것들은 모두 한 노인의 경험에서 우러나온 11가지 교훈으로 이루어
져 있습니다.

1. 적의 입장에서 생각하라.

2. 합리적인 사고가 우리를 구하지는 않는다.

3. 자신보다 중요한 것이 있다.

4. 효율성을 극대화하라.

5. 전쟁에선 비율이 맞는지 참고해야 한다.

6. 자료를 모아라.

7. 믿는 것과 보는 것이 전부는 아니다.

8. 자신의 판단을 기꺼이 재검토하라.

9. 선행을 위해 악행을 저질러야할 때도 있다.

10. '절대로'라는 말은 하지 말라.

11. 인간의 본성은 바꿀 수 없다.

애롤 모리스 감독은 맥나마라를 미화하지도 지나치게 비난하지도 않습니다.
하지만 감독은 그에게 묻습니다. "어떠한 면에서든지 전쟁에 대한 책임
을 느끼시나요? 죄책감 같은 것을 느끼시나요?" 하고 말입니다. 우리
나라의 현대사도 파란만장합니다. 또 현대사 속 굵직굵직한 사건들에

대해 증언할 책임이 있는 거물들도 아직 생존해 있는 경우가 많습니다. 그러나 이 같은 다큐멘터리는 나오지 못하고 있어요. 왜 그럴까요?

미국이 개입한 모든 전쟁은 방대한 양의 필름으로 기록되어 보존되고 있다.

○ 이 작품을 만들기 위해 애롤 모리스 감독과 제작팀은 방대한 자료를 검토했을 테지요.

우리나라에서는 개인 제작자가 과거에 생산된 자료화면을 사용해서 작품을 만드는 경우는 매우 드물답니다. 현실적으로 어렵기도 하고요. 그래서 이런 작품을 제작할 수 있는 기회는 보통 규모가 큰 방송국들이 전유하고 있는 실정입니다.

◐ 기록물은 개인의 재산이 아니라 공공의 재산입니다.

그러려면 영상을 보다 쉬운 절차를 거쳐 만들 수 있는 제도가 필요합니다. 만일 누군가가 꼭 만들어서 기록하고 싶은 내용이 있는데 자료화면을 쓰지 못하게 한다거나 사용 절차가 너무 복잡하다면 어떻게 될까요? 아마 포기하게 될 테지요. 비용 문제 또한 감당할 수준이 되

어야 할 것입니다. 그리고 세상이 만들어내는 영상의 양이 기하급수
적으로 늘어가고 있는 추세 속에서 많은 영상물을 체계적으로 관리
하는 것도 매우 중요한 일입니다. 기록물이 모두의 문화적 재산이라
는 인식만 갖추어진다면 얼마든지 실천 가능한 일들입니다. 우리가
무심코 찍은 이미지 한 컷도 시대를 기록한 증언이 될 수 있다는 것,
꼭 명심합시다.

서칭 포 슈가맨(Searching for Sugar Man, 말릭 벤젤룰, 2011, 스웨덴/영국)

팝 역사상 가장 신비로운 가수, 로드리게즈

🌀 1970년대 미국 디트로이트 시에 '로드리게즈'라는 뮤지션이 살고 있었습니다. 슈가맨(Sugar Man)이라고 불리던 그는 도시를 떠도는 시인 같기도 하고, 뭔가를 깨달은 도인 같기도 했습니다. 그가 만든 노랫말과 선율에

는 아름다우면서도 슬프고 영혼을 달래주는 마력이 있었습니다. 그는
운 좋게 음반 제작자를 만나서 앨범을 내지만 성적은 신통치 않았습
니다. 미국 내의 판매량은 너무나 초라했지요.

◐ 그의 음악을 알아본 것은 지구 반대편 남아프리카 공화국이었습니다.
당시 남아공에서는 인종 차별 문제가 심각했습니다. 돈과 권력을 잡
고 있는 백인들은 흑인들을 차별했고, 많은 사람들이 공권력의 폭력
에 저항했습니다. 이때 로드리게즈의 「콜드 팩트」라는 앨범이 우연하
게 남아공에 들어왔고, 저항의 메시지를 담고 있는 그의 음악은 섬처
럼 봉쇄된 남아공 내에서 급속도로 확산됩니다.

◑ 남아공의 청년들은 이제 로드리게즈의 음악을 들으면서 저항의식을 키웁니다.
그러자 당국은 그의 음악을 금지곡으로 지정하고, 앨범에 손상을 입
혀서 아예 방송에 못 나가도록 조치를 취합니다. 이러한 모습은 과거
한국의 군사독재 시절에도 있었던 상황입니다. 정통성 없는 방법으로
권력을 쥔 사람들은 검열을 통해 자신들에게 비판적인 음악과 영화
를 함부로 가위질하지요. 그러나 사람들의 눈과 귀를 완전히 막을 수
는 없었습니다. 손바닥으로 해를 가리는 격이었으니까요.

◑ 사람들은 금지된 것에 오히려 매력을 느끼나 봅니다.
로드리게즈의 노래들은 남아공 사람들의 마음속에 더욱 깊이 자리 잡
습니다. 하지만, 아이러니하게도 남아공의 팬들 그 누구도 이 가수에 대
한 정보를 모른 채 그를 전설 속의 가수로 생각했어요. 그가 끔찍하고

불운한 최후를 맞았다는 소문마저 돌게 됩니다. 남아공이 그만큼 철저하게 폐쇄적인 국가였기 때문에 이런 일이 가능한 것이기도 했고요.

○ 영화 「서칭 포 슈가맨」은 제목처럼 '슈가맨'이라는 베일 속의 가수를 찾아내는 과정을 그립니다.

힘겨운 추적 끝에 마침내 감독은 미국의 한 변두리 동네에서 살고 있던 로드리게즈를 만나고 인터뷰를 하게 됩니다. 마치 우리나라 사람들이 국민가수 조용필에 열광했던 것처럼 남아공 사람들이 그의 음악에 심취해 있는 동안, 정작 그는 건설 현장 등에서 목공이나 오폐물 제거 같은 힘든 일을 하면서 살아가고 있었습니다. 하지만 그는 한 번도 실의에 빠지지 않았습니다. 책을 많이 읽고 정치나 지역 일에도 참여합니다. 자신의 신념에 맞을 땐 시위나 집회에도 참여했습니다. 발언권이 부족한 가난한 사람들 편에 힘을 싣기 위해서라고 했지요.

「서칭 포 슈가맨」의 하이라이트인 공연 장면

로드리게즈를 찾아낸 남아공 사람들의 초청으로 그는 수만 명의 관객들 앞에서 노래하게 됩니다.

오랜 은둔 생활 끝에 대중 앞에 서서 노래하는 슈가맨의 공연 장면은 이 영화의 최대 반전이면서 동시에 로드리게즈 인생 최대의 기적이기도 합니다. 그렇지만 그는 공연 후 미국으로 돌아가 평범하고 가난한 삶을 계속 이어갑니다. 그에게 예술은 절대로 돈벌이가 아니었습니다. 로드리게즈가 선택한 소박한 삶은 우리에게 '예술이란 무엇인가'라는 근본적인 질문을 던지고 있습니다.

상업적인 면이 지나치게 부각되는 영화들과 비교한다면, 이 질문은 결코 쉽게 지나칠 수 없는 것입니다.

앞으로 영화를 하려고 하는 이들, 힘들지만 계속 영화를 하고 싶어 하는 사람들은 '영화가 내 삶에서 어떤 의미인지, 내가 하려고 하는 영화가 내가 살고 있는 이 사회에서 어떤 의미를 갖는지'에 대해 깊이 성찰할 필요가 있습니다. 영화로 얻을 수 있는 인기는 한 순간이지만, 잘 만들어진 작품은 기록으로 남아 후대 사람들에게까지 기억될 수 있기 때문입니다.

워 게임(The War Game, 피터 왓킨스, 1965, 영국)
& 디스트릭트 9(District 9, 닐 블롬캠프, 2009)

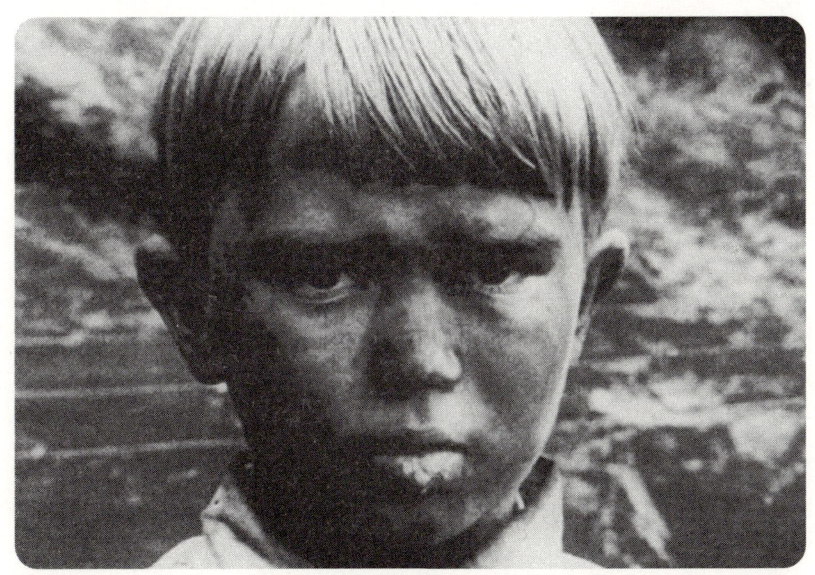

"아무 것도 안 될래요." 핵폭발로 희망을 잃어버린 아이들의 가상 인터뷰

◯ 핵은 이제 더 이상 외면할 수 있는 문제가 아닙니다.

북한의 핵무기, 이웃나라 일본의 핵물질 방출 등 핵으로 인해 발생하는 여러 가지 상황 때문에 우리의 삶은 점점 두려운 재난영화처럼 변하고 있습니다. 페이크 다큐멘터리의 창시자라고 불리는 영국의 피터 왓킨스(Peter Watkins, 1935~) 감독은 미래의 암울한 상황을 스크린으로 경고합니다.

🞛 1967년 아카데미 최우수 다큐멘터리상을 받은 「워 게임」은 정작 영국에서는 TV 방영이 금지됩니다.

가상의 핵 공격이 일어났을 경우 벌어질 상황들을 너무나 처참하고 현실감 있게 표현했기 때문이지요. 만약 방송에 그대로 나가게 될 경우 시청자들이 두려워하며 혼란과 무질서에 빠질 것을 염려한 BBC[52] 측이 방영을 반대했다고 합니다. 「워 게임」에 나오는 내레이션은 그런 불안감이 괜히 생긴 게 아니라는 점을 보여줍니다. 한번 들어봅시다.

핵무기라는 주제 자체에 관해

그것을 보유하는 문제나

쓰였을 때의 결과 등을

현재 그 누구도 언급하지 않는다.

언론이나, 공식 출판물이나, TV에서도.

예측불허의 난제에도 해답은 있다.

하지만 이런 침묵 속에서 진정한 희망을 찾을 수 있을까?

전 세계의 핵무기 비축량은 지난 5년간 2배가 되었고

이제는 지구상의 매 남녀노소에게

20톤씩의 고성능 폭탄을 안길 정도가 되었다.

이 비축량은 앞으로도 꾸준히 증가할 것이다.

◎ 영화는 현재 상황을 보여주는 뉴스나 특집 다큐멘터리처럼 진행됩니다. 핵전쟁에 대비하는 영국 정부의 상황과 시민들의 인터뷰, 전투가 벌어지고 있는 현장을 거친 핸드 헬드(hand held) 촬영으로 보여주는데, 사실 이 모든 것은 극영화 같은 재연이었어요. 관객에 따라서는 화면 속의 급박하고 엄중한 상황이 실제로 벌어지고 있는 상황인 줄 알고 피난 짐을 싸서 어디론가 도망가려고 할 수도 있겠지만, 정말로 핵이 터진 상황이라면 촬영 자체가 불가능하겠지요.

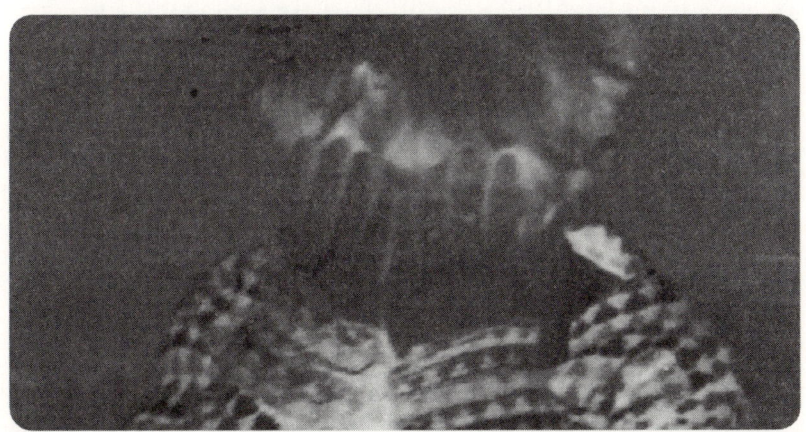

핵폭탄이 터진 순간 엄청난 빛에 괴로워하는 아이의 모습을 네거티브 방식[53]으로 보여주고 있는 장면

52

영국의 국영 방송국 BBC(British Broadcasting Corporation)는 시사 프로그램을 텔레비전과 라디오 그리고 인터넷을 통해 전 세계에 방영하고 있다. BBC는 다큐멘터리로 유명한데 과학, 역사, 사회, 물리, 지구과학, 고생물학을 주제로 한 수많은 다큐멘터리가 BBC에서 제작되었으며 다큐에서 제공하는 정보의 정확성과 풍부한 장르 및 영상들로 인해 현재 BBC 다큐는 수많은 시청자들의 인기를 누리고 있다.

53

피사체의 명암이 반대로 보이는 것. 밝은 부분은 어둡게, 어두운 부분은 밝게 보인다.

◐ 피터 왓킨스 감독은 비전문 배우들과 작업하는 것을 선호했어요.

텔레비전이나 영화관에서 자주 보던 유명 배우가 아니라 우리 이웃일 것 같은 낯선 배우들이 너무나 그럴싸하게 연기했기 때문에 관객들은 더욱 더 이 영화의 내용을 실제 상황과 혼동했을 것입니다. 그러면서 시청하는 내내 두려움을 가질 수도 있었겠지요. 피터 왓킨스가 일어나지도 않은, 자칫 잘못하면 미래의 일이 될 수도 있는 이 페이크 다큐멘터리 영화를 만든 진짜 이유는 무엇일까요?

✿ 수많은 SF 미래영화는 대개 암울한 디스토피아를 배경으로 합니다.

피터 왓킨스 감독 역시 핵에 대한 경각심을 불러일으키기 위해 이런 극단적인 방법으로 영화를 만들었을 테지요. 우리는 그의 경고에 귀를 기울이고 지금이라도 핵의 위험성에 대비해야 합니다. 그런데도 불구하고 핵으로 다른 나라를 위협하거나 원자력이 누출되고 있는 핵발전소를 고집하는 인간의 우매함은 어떻게 막을 수 있을까요?

남아프리카공화국 상공에 불시착한 외계인의 우주선

◐ 영화 「디스트릭트 9District 9」은 닐 블롬캠프 감독의 초기 SF 단편작 「얼라이브 인 요하네스버그Alive in Joburg」를 확장한 작품입니다.

'디스트릭트 9'은 남아프리카공화국 상공에 불시착한 외계인들이 임시로 거주하는 구역을 말합니다. 이 외계인들은 지구인들에게 바퀴벌레만도 못한 혐오스러운 존재로 취급당하며 외계인 관리국인 MNU의 엄격한 통제 하에 살아가고 있습니다. MNU는 무법지대로 변해버린 디스트릭트 9을 강제 철거하기로 결정하는데 이 과정에서 바커스라는 지구인이 사고를 당하게 됩니다. 바커스의 몸 안에서 유전자 변이가 일어나고 그는 점점 외계인으로 변하게 됩니다.

도입부에 나오는 전문가 인터뷰 형식은 외계인들이 실제로 지구에 들어온 것 같은 착각을 불러일으킨다.

◐ 외계인이라는 소재, SF라는 장르는 얼핏 실제 상황을 기록하는 다큐멘터리 형식과 전혀 어울리지 않아 보입니다.

하지만 감독은 도입부에 트릭을 사용합니다. 지구에 불시착한 외계인들의 현 상황을 전문가 인터뷰와 CNN 뉴스 자료화면 등을 통해 보여줌으로써 마치 실제로 이러한 일이 발생했던 것처럼 관객을 속이는 것이지요. 정교하게 만들어진 외계인 CG 장면과 거친 핸드 헬드 장면들을 보고 있자면 정말로 그럴싸하다고 느껴질 정도입니다.

하지만 우리는 한번쯤 역으로 생각해볼 필요가 있습니다.

이러한 페이크 다큐멘터리 작품들은 어쩌면 우리의 고정관념을 반박하고 있는지도 모릅니다. 우리가 다큐멘터리라는 형식의 작품이나 프로그램을 볼 때 아무런 의심 없이 그 내용을 사실이라고 믿는 습관들을 말이지요. 특히 「디스트릭트 9」은 외계인이라는 우회적 표현으로 백인의 흑인 차별, 가난한 사람들에 대한 가진 자들의 오만 등을 비판하는 주제를 함축하고 있습니다. 이 작품을 단순한 SF 액션 영화로 볼 수 없는 이유이기도 하지요.

마이 플레이스(박문칠, 2013, 한국)
& 나의 아버지(김희철, 2001, 한국)

⦿ 개인적 이야기를 담아내는 사적 다큐멘터리는 사실 모두 사회적 다큐멘터리입니다.

그 어떤 개인도 사회라는 거미줄에서 벗어날 수 없기 때문이죠. 2013년 인디다큐페스티발의 폐막작이었던 사적 다큐멘터리 「마이 플레이스」에는 박문칠 감독 자신의 여동생·아버지·엄마·여동생의 아이 '소울(Soul)', 그리고 연출자 자신의 시간이 등장합니다. 이 다섯 명의 시간은 오빠·동생·아빠·엄마·조카·할머니·할아버지의 관계로 교직되면서 캐나다와 한국, 그리고 몽골이라는 이질적 공간들을 넘나듭니다.

⦿ 「마이 플레이스」는 공항 가는 길의 이미지로 시작되어 바다를 찾은 가족의 여행 장면으로 끝납니다.

박문칠 감독의 「마이 플레이스」는 고정관념으로 점철된 한국사회, 정상성과 획일성을 강요하는 우리 사회에 대한 조심스런 진단이자 고찰입니다. 바로 이런 점 때문에 우리는 다큐멘터리 감독을 '사회적 의사 내지는 사회적 과학자'라고 부를 수 있습니다. 다큐멘터리의 인물들을 사회

적 배우라 부르는 것처럼 말이지요. 그렇다고 해서 「마이 플레이스」가
우리가 살고 있는 사회에 대해 "이런 게 맞다, 저래야 한다"고 목청을 돋
우지는 않습니다. 주장을 강조하는 교조적인 영화도 절대 아닙니다.

누구나 행복하게 느낄 수 있는 재미있는 장면들이 정말 많은데요, 그
중 감독의 조카에게 할아버지가 동화책을 읽어주는 신은 그 어떤 명
배우도 재연할 수 없을 명장면입니다. 어린 시절 캐나다 생활로 외
국어도 잘하고 한국의 명문대를 나오고 좋은 회사에도 다녀보고 극
영화도 만들어봤던 젊은 감독이 불안하기 짝이 없는 다큐멘터리 판
에 들어와서 누구보다 행복한 미소를 짓는 이유는 무엇일까요? 사람
이 살아가는 데 정작 중요한 것이란 좋은 스펙, 높은 학벌, 괜찮은 회
사…… 뭐 이런 게 아니라 자신이 진정 하고 싶은 일을 하게 되는 것,
또는 그것을 위해 노력하면서 느끼는 순수한 기쁨이 아닐까요?

감독의 여동생, 그리고 그녀의 아들 소울

◐ 세기가 바뀌고, 디지털 카메라가 저렴한 가격으로 대중과 만나기 시작한 2000년대에 들어서자 한국의 다큐멘터리 작가들이 개인의 목소리를 내기 시작합니다.

필자 역시 그 즈음에 카메라를 처음 배우면서 첫 번째 다큐멘터리 영화인 「나의 아버지」를 만들었습니다. 이 작품은 사실 '한국근현대사'라는 강의를 들으면서 제출했던 과제가 출발점이 되었습니다. 생각이 글로 정리되고, 그 글이 뼈대가 되고, 여기에 사진과 영상이라는 피와 살이 붙어서 한 편의 다큐멘터리가 어엿한 생명체로 탄생한 것이지요.

내 아버지의 청년 시절

◐ 1990년대 초반에 고등학교를 다닌 필자는 일반 대학과는 차이가 많이 나는 사관학교에 들어갔습니다.

실향민인 아버지와 육군사관학교를 졸업한 큰형의 권유, 어수선한 사회적 분위기 등이 저의 선택을 부추겼지요. 입교 후 1년 정도, 정신과 육체를 균형 있게 수련하는 규칙적 생활의 매력에 푹 빠지기도 했습니다. 하지만 정신없던 1학년 생활이 지나면서 제 내면에 있는 본성과 군인·군대라는 집단의 속성에 상당한 괴리가 있다는 것을 발견하게 되었고, 결국 필자는 반년간의 고민 끝에 학교를 그만 두게 됩니다.

◐ 그때부터 필자와 아버지 사이에 냉전이 시작되었습니다.

짐작하시겠지만, 가끔은 크고 작은 열전이 있기도 했고요. 아버지 입
장에서는 막내아들의 퇴교가 엄청난 충격이었고, 큰 배신감을 느꼈을
것입니다. 하지만 필자는 '내가 아버지를 위해서 사는 것도 아니고 내
가 하고 싶은 일을 하는 것이 나중에 후회하지 않을 길이다'라고 생
각했습니다.

◐ 「나의 아버지」의 내용은 아버지의 괴팍한 성격의 원인을 막내아들이 찾
　아보는 것입니다.

한국전쟁 때 피난 내려와서 수십 년째 철물점을 하고 있는 욕쟁이 아
버지, 그의 거칠고 괴팍한 성격이 혹시 고향에 가지 못하는 이산가족
이기 때문일까? 그가 겪어온 역사 때문일까? 아들의 내레이션은 여러
가지 배경들을 조심스럽게 짐작합니다. 하지만 끝내 답을 찾지는 못
합니다. 그저 아들로서 아버지 대신 적십자사에 이산가족 신청서를
갖다 내거나 가끔 철물점 일을 도울 뿐이지요. 우리 모두에게는 각자
의 삶이 있으니까요.

아버지의 이름으로(In the Name of the Father, 짐 셰리단, 1993, 영국) & 무죄(김희철, 2007, 한국)

「아버지의 이름으로」의 마지막 장면. 15년이라는 억울한 옥살이 끝에 재심에 의해 누명을 벗게 된 제리 콜론

이 작품은 1975년 영국에서 발생한 '길포드 사건'을 영화화했습니다. 억울하게 누명을 쓰고 15년을 복역했던 제리 콜론의 자서전을 바탕으로 만들어진 것이지요. 제리 콜론과 그의 친구, 가족들이 테러범 집단으로 조작되어 감옥에 가게 되고, 제리와 그의 아버지 쥬세페 콜론은 같은 공간에서 수감 생활을 하게 됩니다. 건강이 악화된 아버지는 끝

내 감옥에서 운명하고, 부자(父子)의 사연을 알게 된 인권변호사의 도움으로 재심이 다시 이루어져서 결국 누명을 벗는 감동적 장면으로 끝을 맺습니다.

❖ 영화의 첫 장면부터 들리는 내레이션은 주인공 제리 콘론의 목소리입니다. 이것은 변호사에게 보내는 카세트테이프에 녹음된 일종의 육성 편지입니다. 글쓰기에는 재주가 없지만 말하는 능력만큼은 타고난 제리에게 아버지는 음성 녹음을 해서 변호사에게 전달해보라고 권유합니다. 이 내레이션은 '길포드 사건'이 일어났던 당시의 정치·사회적 분위기를 포함하여 경찰이 사건을 조작한 여러 가지 정황들을 설명해주는 역할뿐만 아니라, 아버지에 대해 느끼는 감정이나 감옥 안에서 느끼는 외로움 등을 1인칭 주인공 시점으로 전달합니다.

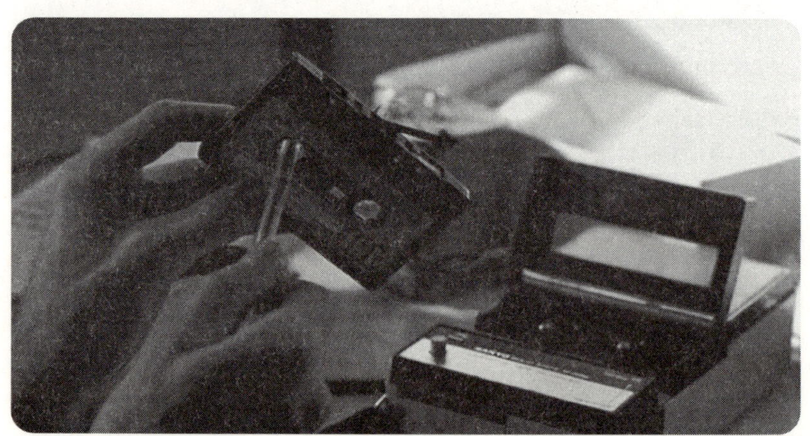

제리 콘론의 음성이 담긴 카세트테이프

전 어머니의 행복만을 빕니다.

아버지가 매일 어머니 얘기한 걸 알려드리고 싶어요.

너무도 그리워하셨죠.

혼자 있으니 이상하군요.

어디를 보든 아버지 얼굴이 보여요.

감옥에 있으면 시간이 이상해지죠.

벽을 쳐다보며 뚝, 뚝, 뚝

그러다가 눈 깜짝할 사이에 3년이 가죠.

내가 뭘 말하려는 건지 모르겠군요.

그들이 제 가족에게 한 짓은 못 잊어요.

잊을 수가 없어요.

위 내레이션은 아버지가 폐병으로 돌아가신 뒤 아들 제리가 자신의 속마음을 풀어낸 것입니다.

옥바라지를 하는 어머니에 대한 미안함, 감옥 안에서 아버지를 잘 보살피지 못해서 돌아가시게 됐다고 생각하는 죄책감과 그리움, 아무것도 할 수 없는 감옥에서 십 수 년째 시간을 보내며 느끼는 허망함, 그리고 고문과 조작으로 자신과 가족과 친구들의 인생을 송두리째 짓밟아버린 경찰에 대한 분노까지 읽힙니다.

이처럼 억울하고 슬픈 사연은 사실 전 세계 역사에서 흔하게 찾아볼 수 있습니다.

특히, 일제강점기와 한국전쟁, 분단이라는 엄청난 상황들과 함께해온 한국의 현대사 속에는 그러한 사건들이 숱하게 많습니다. 필자가 2007년에 연출했던 「무죄」라는 작품의 이야기도 그중 하나입니다. 온 가족과 친척들이 국가의 수사기관에 의해 간첩단으로 조작되고, 18년 동안 억울한 수감생활을 해야 했던 박동운 님은 아무런 희망도 찾을 수 없었던 감옥에서 끊임없이 탄원서를 작성하여 자신과 가족, 친지들의 무죄를 호소했습니다.

✦ 박동운 일가의 절박한 외침에 귀를 기울이는 곳은 많지 않았습니다. 하지만 인권의 가치를 소중히 여기는 시민단체와 몇몇 양심을 가진 사람들이 그의 석방운동을 벌였고, 1998년 그가 가석방으로 출소된 후에도 박동운 일가가 간첩이 된 사건이 국가기관에 의해 조작되었다는 사실을 사람들에게 지속적으로 알렸습니다. 국제기구인 엠네스티(Amnesty International, AI)[54]가 박동운 가족이 겪은 인권 침해에 주목하기도 했습니다.

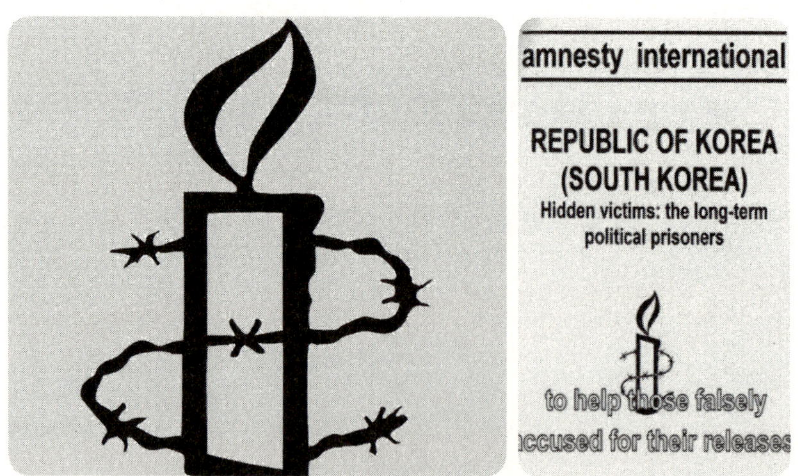

엠네스티의 로고(좌)와 다큐멘터리 영화 「무죄」에 나오는 엠네스티 한국지부의 탄원(우)

⟳ 2009년 가을, 많은 사람들의 도움으로 성사된 재심55을 통해 박동운 님과 그의 일가족은 사법부로부터 '무죄'라는 감동적인 판결을 받습니다.

다큐멘터리 영화 「무죄」를 통해 사건의 해결에 조금이나마 도움을 드리고자 했던 필자도 이날 재판 방청석에 앉아서 함께 벅찬 기쁨의 눈물을 흘렸습니다. 신념을 버리지 않고 끝까지 싸운 한 인간의 승리이자 과거의 어둠을 반성하고 새로운 희망을 이야기하려는 우리 사회의 희망을 생생하게 지켜볼 수 있었던 순간이었습니다. 다큐멘터리 작업을 하는 사람으로서 진실과 기록에 대해 다시 한 번 생각하게 해준 소중한 순간이기도 했지요.

54, 55

국제사면위원회(國際赦免委員會). 국제 비정부 기구로 "중대한 인권 학대를 종식 및 예방하며 권리를 침해받는 사람들의 편에 서서 정의를 요구하고자 행동하고 연구를 수행하는 것"을 목적으로 한다. 영국인 페터 베넨슨(1921~2005) 변호사가 설립했다. 엠네스티의 로고는 철조망에 둘러싸인 촛불 모양인데, 이것은 억압 속에서도 꺼지지 않는 인류 연대의 희망을 나타낸다.

재심이란 이미 확정된 판결에 대하여 중대한 하자가 있음을 이유로 다시 하는 재판을 말한다. 3심 재판으로 종결된 사건일지라도 원판결을 뒤집을 만한 새로운 증거가 나타났을 때 재심 사유가 발생한다. 2009년 11월 13일 박동운 일가의 재심 '무죄' 판결에 대해 재판부는 "박씨 등이 1981년 수사기관에 의해 불법 연행된 뒤 구금 상태에서 고문에 의해 자백을 한 사실이 인정된다. 따라서 이들의 자백은 증거능력이 없다. (중략) 이번 판결을 통해 지금이라도 부끄러운 과거를 바로잡아 이들이 새 출발을 할 수 있는 계기가 되기를 바란다"고 말했다.

2009년 가을,
재심을 통해 '무죄' 판결을 받은 박동운 일가

Michael Francis Moore

부록

다큐멘터리를 보고 싶을 때 가볼 만한 영화제

인디다큐 페스티발

매년 봄에 열리는 〈인디다큐 페스티발〉은 2001년부터 시작된 독립다큐멘터리 작품들의 잔치입니다. 필자도 2001년에 「나의 아버지」를 시작으로 「진실의 문」, 「무죄」, 「기억하는 공간」을 상영했습니다. 고가의 촬영장비들이 디지털화 되면서 많이 저렴해진 환경 속에서, 사회적 문제나 자신의 고민에 대해 카메라로 일기 쓰듯이 작품을 만드는 작가들이 점점 늘어나고 있습니다.

2013년 포스터(designd by 이진아)

이곳에서는 '실험, 진보, 대화'라는 슬로건에 걸맞은 주제를 가진 다양한 작품들을 만날 수 있는데요. 획일적이고 평범한 방송 다큐멘터리와는 사뭇 느낌이 다르기도 하고 개성이 넘치는 수작들을 접할 수 있는 흔치 않은 기회입니다.

여러분도 용기를 갖고 여러분만의 이야기를 멋진 다큐멘터리로 제작해서 출품해보세요. 어렵지 않습니다. 도전해봅시다!

● **홈페이지** http://www.sidof.org

DMZ 국제다큐멘터리 영화제

DMZ 국제다큐멘터리 영화제 로고. 매년 비무장지대를 찾아오는 희귀 철새 흰 기러기를 의인화했다.

〈DMZ 국제다큐멘터리 영화제〉는 출판의 도시 파주에서 매해 가을에 열립니다. 휴전선이 가까운 곳, 전쟁으로 기억되는 장소. 하지만 전 세계에서 출품된 다양한 가치를 보여주는 다큐멘터리 명작들이 분단이라는 차가운 현실에 따뜻한 화해의 손을 내밉니다. 시작한 지 몇 해밖에 되지 않았지만 국제적인 행사로 거듭나기 위해 노력 중입니다.

이 영화제의 상영 프로그램 가운데는 '청소년 경쟁' 부문이 따로 있습니다. 청소년들만 참여할 수 있는 '다큐 토론 콘테스트', '다큐 백일장' 등의 행사가 'Docu FOR EDU'라는 섹션에서 열리기도 합니다. 다큐멘터리는 역시 교육적 효과가 크네요!

● 홈페이지 http://www.dmzdocs.com

EBS 국제다큐 영화제(EIDF)

교육방송 EBS가 주최하는 EIDF(EBS International Documentary Festival)는 방송과 영화제의 결합이라는 특징을 갖고 있는 행사입니다. 엄선된 국내외 다큐멘터리 작품들이 영화제 기간 동안 방송을 통해 시청자와 만나면서 오프라인에서는 상영과 관객과의 대화가 이루어집니다. 사전 제작지원 제도를 마련하여 다큐멘터리 감독들에게 제작의 기회도 제공하고 있습니다. 어쩌면 내가 만든 작품을 방송을 통해 선보일 수 있는 가장 빠른 방법일 수도 있겠네요.

● 홈페이지 http://www.eidf.org/kr

EBS 국제다큐 영화제 로고

부산국제영화제 와이드 앵글 섹션

우리나라에서 열리는 영화제들 중 가장 세계적이고 권위 있는 행사로 발돋움한 부산국제영화제. 유명 배우와 감독이 레드 카펫을 밟으며 영화 팬들을 만나는 자리이지요. 이 영화제는 전 세계에서 출품된 다양한 영화들로 구성된 프로그램으로 준비됩니다.

그중에서 '와이드 앵글' 부문은 영화의 시선을 넓혀 색다르고 차별화된 비전을 보여주는 단편영화, 애니메이션, 다큐멘터리, 실험영화 분야의 수작을 모아 선보이는 섹션입니다. 특히 아시아 다큐멘터리 네트워크(AND) 제작 지원으로 완성된 수작들은 한국·중국·일본·필리핀·인도네시아 등에서 만들어지고 있는 아시아 다큐멘터리의 흐름을 가장 먼저 파악해볼 수 있는 소중한 기회를 제공합니다.

● **홈페이지** http://www.biff.kr

전주국제영화제

예향의 도시, 전주에서 2000년에 시작된 전주국제영화제는 실험적이고 파격적인 영화들을 상영하고 지원해왔습니다. 최근에는 기획 중인 극영화와 다큐멘터리를 발굴하고 지원하는 프로그램인 '전주 프로젝트 프로모션'이 열리고 있습니다.

여기서는 작품을 만들고자 하는 연출자 및 프로듀서들이 모여 자신들의 이야기를 심사위원과 관객들에게 짧고 강렬하게 보여주고 이에 대한 평가를 받습니다. 이것을 '피칭(pitching)'이라고 합니다. 피칭은 야구에서 투수가 포수에게 공을 던지듯이 영화를 만들고자 하는 사람

이 작품에 대한 지원이나 투자를 받아낼 목적으로 간단한 프리젠테
이션과 영상으로 작품을 소개하는 것입니다.
만약 여러분이 재미있고 의미 있는 이야기를 작품으로 만들고 싶은
데 제작비가 없다면, 이 피칭을 준비하는 것도 좋은 시도가 될 수 있
겠지요?

● **홈페이지** http://www.jiff.or.kr

2010년 전주국제영화제 다큐멘터리 피칭 행사

다큐멘터리를 배울 수 있는 학교

한국예술종합학교 방송영상과

한국예술종합학교는 예술인 양성을 목표로 1992년 설립된 국립예술 교육기관입니다. 음악원, 미술원, 무용원, 전통예술원, 연극원, 영상원 등이 운영되고 있습니다. 그중 영상원의 '방송영상과'는 드라마, 다큐멘터리의 이론들을 습득하고 작품 제작을 통해 실습을 병행할 수 있는 곳입니다. 특히 타 대학의 대학원 격이라고 할 수 있는 '전문사 과정'에서는 2년 동안 다큐멘터리와 관련된 이론 수업을 수강하고 다큐멘터리로 졸업 작품을 만들어야 합니다. 이를 위해서 다큐멘터리를 전문적으로 제작해오거나 관련 이론을 전공한 교수, 강사들과 소수의 학생들이 함께 토론과 제작을 중심으로 수업을 이루어갑니다.

방송영상과를 졸업하거나 재학 중인 학생들의 다큐멘터리 작품들이 각종 국내외 다큐멘터리 영화제 등에서 주목을 받으며 성과를 거두고 있어서 명실상부 한국 다큐멘터리 교육의 메카가 되었다고 할 수 있겠습니다.

● 홈페이지 http://www.karts.ac.kr

각 지역의 미디어센터

내가 원하는 작품을 만들기 위해 영상 또는 영화를 배우는 학교에 입학하는 것도 좋은 방법이지만, 반드시 학교에 들어가는 것이 좋은 작품을 만들어낼 수 있는 보증수표는 아닙니다. 경제적인 문제, 시간적 제약 등 여러 가지 현실적인 조건 때문에 학교에 들어갈 수 없다면 각 지역의 미디어센터를 찾아보는 것이 더 현명한 방법일 수 있습니다.

내가 살고 있는 곳과 가장 가까운 곳에 있는 영상관련 미디어센터에 발품을 팔아서 나에게 맞는 장비도 직접 빌려서 사용해보고 필요한 교육프로그램을 수강하여 자신의 아이디어를 더 효과적으로 설계하는 것이 좋겠습니다. 무엇보다도 이러한 공간에서 만나는 사람들과 함께 공동 작업을 해본다면 혼자 끙끙 앓고 있던 여러 가지 문제들을 해결할 수 있을 뿐만 아니라, 영화라는 것이 결코 혼자 하는 작업이 아니라는 소중한 가치를 몸과 마음으로 깨닫게 될 것입니다.

● 미디액트(http://www.mediact.org/web)

국내 최초로 세워진 비영리 공공미디어센터입니다. 시민들의 영상 창작, 독립영화제작 활성화를 위해서 각종 교육프로그램을 진행하는데요, 무엇보다 저렴한 가격으로 영상 기자재를 대여할 수 있어서 좋습니다. 필자도 「진실의 문」과 「무죄」를 촬영할 때 이곳에서 장비를 빌렸지요. 또한 단편영화 제작교실, 시나리오 실습 강의, 촬영 분석, 색 보정, 편집 프로그램인 프리미어 실습, 후반 작업을 멋지게 도와주는 에프터 이펙트 등 재미있고 실용적인 수업들이 많이 개설되어 있습니다. 이곳에서 만난 친구들끼리 의기투합해서 만들어진 작품들이 상당하다는 사실을 알고 있나요?

다음은 각 지역의 미디어센터 홈페이지 주소입니다. 클릭 한 번으로 여러분에게 멋진 배움의 기회가 열릴 것입니다!!

● 서울 영상미디어센터(http://www.media-center.or.kr)

● 강서 영상미디어센터(http://gsmedia.gangseo.seoul.kr)

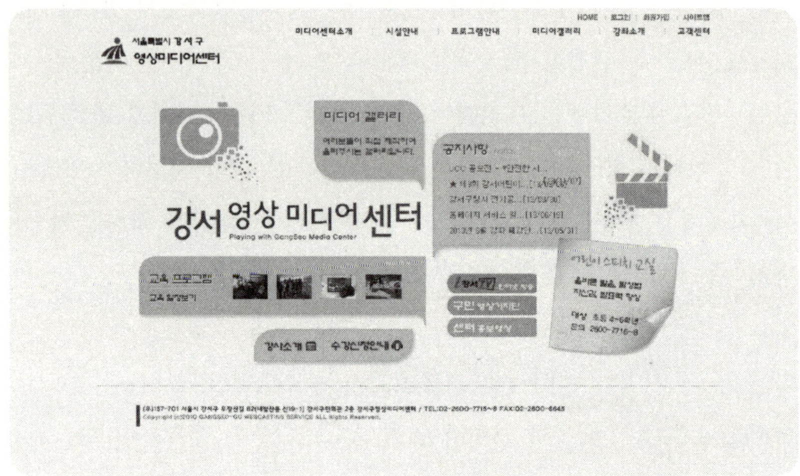

● 고양 영상미디어센터(http://www.gymc.or.kr)

● 부천 영상미디어센터(http://www.bcmc.kr)

● 제천 영상미디어센터 봄(http://www.jcbom.com)

● 강릉시 영상미디어센터(http://www.gnmedia.or.kr)

● 전주 시민미디어센터(http://www.0simi.org)